⊙国家社会科学基金一般项目"中原汉画像石体育文化的社会学研究"（编号 18BTY057）
⊙河南省高等学校青年骨干教师培养计划（2020GGJS294）

敦煌写本类书《应机抄》研究

The Study on *Ying Ji Chao* of DunHuang Manuscript

耿彬 ● 著

中国社会科学出版社

图书在版编目（CIP）数据

敦煌写本类书《应机抄》研究/耿彬著. —北京：中国社会科学出版社，2021.3

ISBN 978-7-5203-7768-3

Ⅰ.①敦⋯ Ⅱ.①耿⋯ Ⅲ.①敦煌学—文献—研究 Ⅳ.①K870.64

中国版本图书馆 CIP 数据核字（2021）第 018318 号

出 版 人	赵剑英
责任编辑	宋燕鹏
责任校对	夏慧萍
责任印制	李寡寡

出　　版	中国社会科学出版社
社　　址	北京鼓楼西大街甲 158 号
邮　　编	100720
网　　址	http://www.csspw.cn
发 行 部	010-84083685
门 市 部	010-84029450
经　　销	新华书店及其他书店

印　　刷	北京明恒达印务有限公司
装　　订	廊坊市广阳区广增装订厂
版　　次	2021 年 3 月第 1 版
印　　次	2021 年 3 月第 1 次印刷

开　　本	710×1000　1/16
印　　张	14.5
插　　页	2
字　　数	205 千字
定　　价	78.00 元

凡购买中国社会科学出版社图书，如有质量问题请与本社营销中心联系调换
电话：010-84083683
版权所有　侵权必究

目　　录

上篇　研究篇

绪　论 ································ (3)
  第一节　敦煌类书概说 ······················ (4)
  第二节　学术史回顾 ······················ (14)
  第三节　研究价值和意义 ···················· (19)
    一　录文校笺方面 ······················ (20)
    二　史料价值 ························ (20)
    三　反映唐代道德伦理教育之特点 ·············· (21)
    四　对后世通俗读物的影响 ················· (21)

第一章　写卷引书研究 ······················ (22)
  第一节　引书分类统计 ····················· (22)
    一　明引书籍表 ······················· (23)
    二　据写卷内容考证所得表 ················· (24)
    三　不可确考引书出处者 ·················· (26)
  第二节　引书方式综述 ····················· (28)
    一　直引 ·························· (28)
    二　约引 ·························· (30)
    三　合引 ·························· (32)

四　误引 …………………………………………………… (34)
　第三节　引书的辑佚价值 ………………………………………… (38)

第二章　《应机抄》的性质、内容及成书年代 ……………………… (46)
　第一节　《应机抄》的体制 ………………………………………… (46)
　第二节　《应机抄》的性质与内容 ………………………………… (48)
　　一　事理类 ………………………………………………… (50)
　　二　修身类 ………………………………………………… (51)
　　三　治国安邦 ……………………………………………… (53)
　　四　鉴诫类 ………………………………………………… (54)
　第三节　《应机抄》的成书年代 …………………………………… (57)
　　一　《应机抄》残卷避讳情形分析 ……………………… (58)
　　二　从《应机抄》残卷援引典籍的情形看其成书年代 …… (63)
　　三　其他方面 ……………………………………………… (64)

第三章　《应机抄》编撰的社会历史背景 …………………………… (66)
　　一　唐代浓厚的教育文化氛围 …………………………… (66)
　　二　日渐完善的科举制度 ………………………………… (68)
　　三　唐五代敦煌地区童蒙教育的普及与繁荣 …………… (70)
　　四　敦煌民众文化心理与维护当地政权统治秩序的需求 …… (72)

第四章　《应机抄》所映射出的唐代道德伦理教育 ……………… (80)
　第一节　子部典籍的价值 ………………………………………… (80)
　第二节　《应机抄》与《初学记》《意林》《群书治要》
　　　　　比较研究 ……………………………………………… (83)
　　一　与《初学记》之比较 ………………………………… (84)
　　二　与《意林》之比较 …………………………………… (87)
　　三　与《群书治要》之比较 ……………………………… (101)

第三节 《应机抄》与《勤读书抄》《新集文词九经抄》
　　　　《文词教林》比较研究 …………………………（108）
　　一　与《勤读书抄》之比较 ………………………………（109）
　　二　与《新集文词九经抄》之比较 ………………………（111）
　　三　与《文词教林》之比较 ………………………………（117）

下篇　录文校笺篇

凡　例 ………………………………………………………………（129）

《应机抄》卷上（？）………………………………………………（131）

《应机抄》卷下 ……………………………………………………（185）

主要参考文献 ………………………………………………………（212）

附　录 ………………………………………………………………（220）

后　记 ………………………………………………………………（227）

上篇　研究篇

绪　　论

敦煌文献是清末道士王圆箓于1900年在敦煌莫高窟藏经洞（现编为第17窟）发现的，总共有五万余件，现分散收藏在英国、法国、俄罗斯、中国、日本等国的公私收藏者手中。敦煌文献所涉及的年代范围，大体上是从公元5世纪初到公元11世纪初，它的主体部分是佛教经典，由于中古时期的佛教寺院往往是一个地区的文化中心，佛寺同样收藏佛典之外的道书、经史子集四部书和其他典籍以及美术品，故敦煌文献内容极为丰富，涵盖政治、经济、历史、语言、文学、艺术、哲学、宗教等领域。[1] 敦煌文献是自20世纪以来"中国学"史料四大发现之一，[2] 具有极高的研究价值。敦煌文献的发现引起了中外学者的广泛关注，并涌现出大量的研究成果，推动了学术研究的发展。国人对敦煌文献的校勘与辑佚始于罗振玉、刘师培、王国维等大家，但由于敦煌文献分散在国外，收集不易以及其他方面的影响，敦煌类书的研究一直进展缓慢。至20世纪80年代，随着敦煌资料的不断公布，特别是《英藏敦煌文献（汉文佛经以外部分）》《俄藏敦煌文献》《法藏敦煌西域文献》《上海博物馆藏敦煌吐鲁番文献》《北京大学图书馆藏敦煌文献》《上海图书馆藏敦煌吐鲁番文献》《天

---

[1] 荣新江：《敦煌学十八讲》，北京大学出版社2001年版，第172页。
[2] ［日］神田喜一郎辑：《敦煌秘籍留真新编·序》，载《敦煌丛刊初集》第13册，第246页。《敦煌秘籍留真新编·序》云："'中国学'之史料，自二十世纪开始以来，有四大发见：一、殷墟甲骨文字，二、流沙汉晋简牍，三、内阁大库档案，四、敦煌石室遗书，而又以四之发见尤为重要。"

津艺术博物馆藏敦煌文献》《甘肃藏敦煌文献》《浙藏敦煌文献》《中国国家图书馆藏敦煌遗书》等得以陆续刊布，敦煌学研究进入了蓬勃发展时期，取得了一系列的研究成果。

敦煌写本类书《应机抄》是敦煌文献中的一种抄本文献，是由书抄向类书编纂演进过程中所产生的一部古代典籍。抄书在中国具有悠久的历史和传统，其源起可上溯至春秋战国时期。迨及汉唐之际，抄书之作十分兴盛，如《皇览》《类苑》等，这些作品采集经传，汇撮诸子，以类相从，分隶门目而成书，成为后世类书之源起。自隋唐以降，抄撮各种典籍，以类相从，排比成编之风大兴，编纂了大量的类书。虽然类书的编纂日益兴盛，但寻章摘句、杂抄旧书等传统抄书形式仍然广为流行，就敦煌文献而言，如《修文殿御览》《类林》《事林》《事森》《勤读书抄》《应机抄》《新集文词九经抄》等，此外敦煌文献中大量的佛教、道教典籍也是以传统抄书方式而成书。

第一节　敦煌类书概说

研究敦煌写本类书《应机抄》，首先要了解传统类书的性质和范围、敦煌类书的特点以及传统类书与敦煌类书之间的区别，故而下文将对传统类书与敦煌类书的相关问题略作叙述。

类书是一种汇编各种材料供人查检的专业书籍，是社会发展到一定历史阶段的产物，也是人类社会文化知识积累的必然结果。类书作为一种特殊的文献，它把中国古代社会的典籍、知识进行分类，并按照某种排列组合的方式，将具有共同特点的一类知识或几类知识汇聚在一起，能满足封建社会帝王、学者们等不同的需求，在人类文化传承中起到了重要的作用。类书在中国古代书籍中占有较大的比重，且篇幅繁多。自魏晋以降，几乎历代王朝都花费大量的人力、物力、财力来编纂大型的类书，如《皇览》分40余部，全书800余万字；《艺文类聚》分46部，全书100万余字；《太平御览》共1000卷；《册府元龟》共1000卷；《永乐大典》共22877卷，约3.7亿字；《古今图书集成》共10000卷，约1亿6千万字。

宋王应麟《玉海》卷五十四言："类事之书，始于《皇览》。"学者们大多都认同这一说法，然而"类书"这一名称最早出现于宋代的官修书目《崇文总目》，全书共六十六卷，按四部分四十五类，其中子部三十三卷二十类中特设"类书类"。

> 类书类（以下原卷三十）。谨按此类以下《欧阳修集》无叙释。类书上，共四十六部，计一千六百五十卷。类书下，共五十一部，计八百六十五卷（以下原卷三十一）。①
>
> 《崇文总目》载："广记五百卷，李昉等撰，原释，博采群书，以类分门。"②

由上文可知，《崇文总目》的部类中的确已出现了"类书类"，并在类书类《太平广记》下加小注，点明了类书的编纂情况。随后，北宋宋祁、欧阳修等所撰《新唐书》中，子部也设立"类书类"。自此，中国古代的正史目录中开始出现"类书"这一名称，并被后代广泛沿用至今。

由于类书的概念、范围一直以来没有统一、精准的定义，故古代书目关于类书的著录就出现了不同的情形，如《通典》，明代焦竑的《国史经籍志》将其列入"故事"类，清代《四库全书总目》将其列为"政书"类，而历代史志、官私书目大多将其列入类书类或类事类。

然而，什么书籍是类书？古今学者对此存在不同的观点，这也成

---

① （宋）王尧臣、王洙、欧阳修撰：《崇文总目》卷6《类书类》，《文渊阁四库全书》，第674册，第72页。

② 许逸民、常振国编：《中国历代书目丛刊》第一辑上册，现代出版社1987年版，第103页。

为研究类书领域的一个重点和难点。下面我们先大致了解一下学者们对类书的认识。

《四库全书总目》卷一百三十五《类书类序》云：

> 类事之书，兼收四部，而非经非史，非子非集。四部之内，乃无类可归。《皇览》始于魏文，晋荀勖《中经部》分隶何门，今无所考。《隋志》载入子部，当有所受之。历代相承，莫之或易。明胡应麟作《笔丛》，始议改入集部，然无所取义，徒事纷更，则不如仍旧贯矣。此体一兴，而操觚者易于检寻，注书者利于剽窃，转辗稗贩，实学颇荒。然古籍散亡，十不存一。遗文旧事，往往托以得存。《艺文类聚》《初学记》《太平御览》诸编，残玑断璧，至捃拾不穷，要不可谓之无补也。其专考一事如《同姓名录》之类者，别无可附，旧皆入之类书，今亦仍其例。[①]

《四库全书总目》关于类书的小序对类书的源流、利弊、功用做了总结，言辞较为含混，并未对类书的概念做出解答，但也触及了类书的一些实质性问题。

张涤华先生于1943年出版了《类书流别》一书，该书认为类书是工具书的一种，性质与辞典、百科全书相近，与子、史书籍相差甚远。《类书流别》全书分义界、缘起、体制、盛衰、利病、存佚六篇，对当时人们认识类书的性质、功用起到了推动作用，也对后世学者的观点产生了深远的影响。《类书流别·义界第一》云：

> 由今观之，类书为工具书之一种，其性质实与近世辞典，百科全书同科，与子、史之书，相去秦越。语其义界，则凡荟萃成言，裒次故实，兼收众籍，不主一家，而区分部类，条分件系，

---

① （清）永瑢等撰：《四库全书总目》卷135《类书类序》，中华书局1965年版，第1141页。

利检寻，资采缀，以待应时去给者，皆是也。①

胡道静《中国古代的类书》一书对类书的性质作了进一步的阐释，他认为类书是封建社会体系的百科全书，兼具"百科全书"与"资料汇编"两种特性。②

刘叶秋《类书简说》认为类书是一种分类汇编各种材料以供检查之用的工具书，诗文、辞藻、人物、典故、天文、地理、典章、制度、飞禽、走兽、草木、虫鱼以及其他许多事物，几乎无所不包，内容范围相当广泛，并从内容、形式、作用等方面对类书的性质作了进一步的阐释。③

戚志芬《中国的类书、政书与丛书》一书认为类书是一种采辑群书，将各种材料分类汇编，以供检查资料所用，它是中国工具书的一大类别。④

夏南强《类书通论》言："类书是一种将文献或文献中的资料，按其内容分门别类，组织撰述；或者条分件系，原文照录或摘录的图书。"⑤ 该书对类书的功能也进行了阐述："类书是一种资料汇编性质的图书，也是一种工具书。它既有供人查检的功用，也具备供读者系统阅读的功能。"⑥

冯浩菲《中国古籍整理体式研究》第四编《类书类》云：

  类书是分类编纂有关资料的一种工具性书籍。许多遗文旧事往往通过类书得以保存下来，故有广闻博识的作用。由于它的主要内容是对旧籍中有关资料的重新离析、整理和排纂，因

---

① 张涤华：《类书流别（修订本）》，商务印书馆1985年版，第4页。
② 胡道静：《中国古代的类书》，中华书局1982年版，第1页。
③ 刘叶秋：《类书简说》，上海古籍出版社1980年版，第1—7页。
④ 戚志芬：《中国的类书、政书与丛书》，商务印书馆1991年版，第5页。
⑤ 夏南强：《类书通论》，湖北人民出版社2001年版，第16页。
⑥ 同上书，第15页。

此仍然带有古籍整理著作的性质，与一般具有独立思想内容的书籍不同。①

吴枫《中国古典文献学》云：

> 所谓类书是采辑或杂抄各种古籍中有关的资料，把它分门别类加以整理，编次排比于从属类目之下，以供人们检阅的工具书……类书与字典、词书一类工具书不同，而是属于古典文献工具书……类书并非任何个人专著，而是各种资料的汇编或杂抄。它的编者，往往是仅就搜集选择的资料，分门别类剪裁、排比和编纂，只有个别的加上编者按语或辨释、考证和校勘。②

日本著名学者长泽规矩也《和刻本类书集成·出版说明》云：

> 类书，是从前人的著作中摘取天文地理、史事轶闻、典章制度、名言警句、藻词俪语等等，分类排比而成的古籍。是一定时代，一定范围知识的汇集。③

兰州大学刘全波的博士学位论文《魏晋南北朝类书编纂研究》一文通过分析古今学者对类书的看法、认识、定义、定位，提出了自己的观点，认为将类书称为"资料汇编"远比"工具书""百科全书"要准确，并从古代类书的发展历程来阐释自己的看法："部分中、小型类书，甚至部分大型类书往往是作为童蒙或科举考试的教科书、阅读材料存在的，当发展至一些大型的官修类书时，人们常利用它们翻检材料，此时类书才渐渐有了工具书性质。"④

---

① 冯浩菲：《中国古籍整理体式研究》，高等教育出版社2003年版，第282页。
② 吴枫：《中国古典文献学》，齐鲁书社2005年版，第117—118页。
③ [日]长泽规矩也编：《和刻本类书集成·出版说明》，东京汲古书院1976—1977年版，第1页。
④ 刘全波：《魏晋南北朝类书编纂研究》，博士学位论文，兰州大学，2012年。

绪 论

另外，还有一些比较权威的工具书对类书的概念也做出了不同的解释。

《辞源》载：

> 采辑群书，或以类分，或以字分，便寻检之用者，称为类书。以类分之类书有二：甲、兼收各类，如《艺文类聚》《太平御览》《玉海》《渊鉴类函》等。乙、专收一类，如《小名录》《职官分记》等。以字分之类书有二：甲、齐句尾之字，如《韵海镜源》《佩文韵府》等是。乙、齐句首之字，如《骈字类编》是。①

《汉语大词典》载：

> 辑录各门类或某一门类的资料，并依内容或字、韵分门别类编排供寻检、征引的工具书。以门类分的类书有二：兼收各类的，如《艺文类聚》《太平御览》《玉海》《渊鉴类函》等；专收一类的如《小名录》《职官分记》等。以字分的类书，亦有二：齐句尾之字，如《韵海镜源》《佩文韵府》等；齐句首之字，如《骈字类编》。②

《辞海》载：

> 辑录各门类或某一门类的资料，按照一定的方法编排，以便于寻检、征引的一种工具书。始于魏文帝时《皇览》。历代都有编纂，但多亡佚。现存著名的有：唐代的《北堂书钞》《艺文类聚》《初学记》，宋代的《太平御览》《册府元龟》，明代的《永

---

① 《辞源》，商务印书馆1979年修订第1版，第3399页。
② 《汉语大词典》，上海辞书出版社1986年版，第12册，第355页。

乐大典》，清代的《古今图书集成》等。其体例分专辑一类和合辑众类两种，后者居多。通常以分类编排，也用分韵、分字等方法。有些被征引的古籍，多有散佚，赖以保存了零篇单句，可供辑佚考证之用。[1]

由于对类书的概念、范围存在不同的看法，也导致了学者们对古今类书统计上数量的差异。张涤华《类书流别·存佚第六》对魏朝至清朝历代书目中所著录的类书进行统计，共1035种。[2] 戴克瑜、唐建华《类书的沿革》第九章《现存类书书目》按朝代顺序对现存类书进行统计，得类书263种。[3] 庄芳荣《中国类书总目初稿》统计得824种，其中扣除同书异名或疑为同书者，约得766种。[4] 吴枫《中国古典文献学》云："自六朝至清末，据历代艺文、经籍志著录，约有六百余种，其中大部分已经散失，今存者约有二百种左右。"[5] 赵含坤先生《中国类书》对古往今来的类书做了编目叙录，并收录了民国乃至中华人民共和国成立以来所编纂的类书，其言中国古代所编纂的类书达1600余种（包括存疑的125种）。[6]

综上所述，学者们对类书的性质主要有以下几种观点：一、认为类书是工具书的一种，性质与辞典、百科全书相近，如张涤华《类书流别》、冯浩菲《中国古籍整理体式研究》等。二、认为类书是中国古代的百科全书，兼具"百科全书"与"资料汇编"两种特性，如胡道静先生《中国古代的类书》、夏南强《类书通论》等。三、认为类书是依照门类编排而成的知识性资料汇编，如长泽规矩也《和刻本

---

[1]《辞海（1999年版缩印本）》，上海辞书出版社2000年版，第5465页。
[2] 张涤华：《类书流别（修订本）》，商务印书馆1985年版，第42—109页。
[3] 戴克瑜、唐建华主编：《类书的沿革》，四川省图书馆学会编印1981年版，第105—115页。
[4] 庄芳荣：《中国类书总目初稿（书名·著者索引篇）》，台湾学生书局1983年版，第9页。
[5] 吴枫：《中国古典文献学》，齐鲁书社2005年版，第132页。
[6] 赵含坤：《中国类书·凡例》，河北人民出版社2005年版。

绪　论

类书集成·出版说明》、刘全波《魏晋南北朝类书编纂研究》等。本书比较赞成第三种观点，特别是刘全波《魏晋南北朝类书编纂研究》一文的观点，因为从类书的起源及发展历程来看，类书最初仅作为一种阅读材料而存在，随后发展成为童蒙或科举考试的教科书，到后来才发展成为供人检索、具有工具书性质的书籍。然而，类书的工具书性质只是它的一个附属属性，故我们要抓住事物的主要矛盾，不能忽略其本质特征。

敦煌类书，即敦煌莫高窟所出隋唐以来文献中的类书。敦煌类书主要流行于敦煌地区，极具地方性，以唐宋写本为主，故它与传统类书又有许多不同之处，现简述如下：一、与传统类书相比，敦煌类书大多残缺不全，且不能确定书名。一方面，敦煌地处西北边陲，长期受到战乱的影响，与中原王朝的联系也时断时续，完整的书籍难以得到保存、流传；另一方面，敦煌文献自出土之后，便流散于中、英、法、俄、日等世界各地，在此过程，人为或自然原因致使文献遗失和分散，难以补全完整。二、受当时敦煌地区历史条件的制约，敦煌类书大多是小本和节本类书，以便于人们简单方便地学习文化知识或根据个人、社会需求对原本文献进行删节。小本类书，如《杂抄》《事林》《古贤事》《珠玉抄》《应机抄》等。节本类书，如《类林》《籯金》《珊玉集》等。三、由于写卷的残缺或文中没有提及作者，导致许多敦煌类书的作者及编纂时间无法确定。四、敦煌类书中许多类书并非严格意义上的类书，其编纂的内容不完整、体制也不完善。一部分类书从性质上看只是单纯的书钞或介于书钞与类书之间，与正统类书不符，但从内容上看依据一定的标准已有了简单的分类，如《勤读书抄》《应机抄》《类林》《籯金》《文词教林》《事林》《事森》《兔园策府》等。正是基于敦煌类书这些独特之处，且敦煌文献中类书的编纂时间正处于书钞与类书并存或由书钞过渡到类书的发展阶段，为了更好地了解书钞和类书在发展过程上纵横交错的情况及其发展全貌，王三庆先生对敦煌类书的定义在传统类书的基础上进行了扩展，并对一些相关类书进行了解释说明：

> 凡属裁章节句，保其原文，标辞分隶或者分类隶录，勿论其是否成篇或用于科场文科，只要便于寻检，而无中心思想之分类写卷，尽属类书范畴。唯分类字书，如《俗务要名林》《正名要训》或《时样字书》之类，虽或分立部类，实与字书无异，则当排挤在类书之外，加以区别。至于《应机抄》《文词教林》及《新集文词九经钞》等书钞性质，敦煌目录学者之著录偶作类书，则以附录形式列入类书范畴中一并论述。①

在此基础上，王三庆先生又将敦煌类书（除道教、佛教典籍以外部分）分为9类，共收录42篇：1. 书名冠首之类书：《修文殿御览》《励忠节抄》；2. 人名冠首之类书：《类林》《事林》《事森》《珊玉集》别本；3. 冠首不定之类书：《不知名类书甲》《不知名类书乙》等；4. 近似类书之书抄：《不知名书抄甲》《勤读书抄》《新集文词教林》《新集文词九经抄》；5. 类语体之类书：《语对》《籯金》等；6. 类句体之类书：《北堂书钞体甲》《北堂书钞体乙》等；7. 文赋体之类书：《兔园策府》《文赋体类书甲》等；8. 诗篇体之类书：《李峤杂咏·张庭芳注本》《古贤集》等；9. 问答体之类书：《杂抄》《节本珠玉抄》等。②

敦煌类书的整理和研究一直以来是敦煌学研究方面的重点，20世纪初至今，中外学者对敦煌类书做了大量的工作，也取得了卓越的成果。目前，学术界主要研究的是敦煌类书中具有代表性的知名类书，如关于《修文殿御览》的研究有：黄维忠、郑炳林《敦煌本〈修文殿御览残卷〉考释》一文对 P.2526 残卷的时间、定名、作用进行分

---

① 王三庆：《敦煌类书》，高雄丽文文化事业股份有限公司1993年版，第13页。
② 参见王三庆《敦煌类书》总目录。

析，并对残卷进行校释；① 许建平《敦煌本〈修文殿御览〉录校补正》一文在前贤的基础上对残卷重作整理，并对于一些误校、漏校之处进行补正。② 关于《新集文词九经抄》的研究有：郑阿财的《敦煌写卷〈新集文词九经抄〉校录》《敦煌写卷〈新集文词九经抄〉研究》对其体制、编纂动机、内容功能进行了详细的论述；③ 郑炳林、徐晓丽《俄藏敦煌文献〈新集文词九经抄〉写本缀合与研究》一文改正了俄藏敦煌文献中6件被误定成《百行章》的《新集文词九经抄》残卷的命名，并将所知的8件残卷缀合，还认为这些写卷与英藏、法藏本不能互为渊源底本，应出自张氏归义军初期的敦煌文士之手。④ 关于《励忠节钞》的研究：屈直敏《敦煌写本类书〈励忠节钞〉研究》一书对《励忠节钞》诸写卷用功甚深，是目前学术界重量级的学术成果，该书对诸写卷进行了叙录与校合，对引书进行分类统计并详细论述了引书的辑佚和校勘价值，分析了《励忠节钞》的性质、内容及成书背景与年代，又进一步论述该书在唐代知识体系与道德秩序方面的建构及其在维护政治统治秩序方面的作用，最后又论述了《励忠节钞》在归义军政权重建儒家传统道德伦理秩序中的作用和意义。⑤ 关于《籯金》的研究：郑炳林、李强《敦煌写本〈籯金〉研究》一文就各种《籯金》的写本特征、抄写时间及相关问题做了深入的研究；⑥ 郑炳林、李强《唐李若立〈籯金〉编撰研究（上、下）》对李若立《籯金》的编撰时间、选材标准详加考证；⑦ 郑炳林、李强

---

① 黄维忠、郑炳林：《敦煌本〈修文殿御览残卷〉考梓》，《敦煌学辑刊》1995年第1期。
② 许建平：《敦煌本〈修文殿御览〉录校补正》，《敦煌研究》2010年第1期。
③ 郑阿财：《敦煌写卷〈新集文词九经抄〉校录》，台湾《敦煌学》第12辑，1987年；《敦煌写卷〈新集文词九经抄〉研究》，台北文史哲出版社1989年版；《敦煌蒙书研究》，甘肃教育出版社2002年版。
④ 郑炳林、徐晓丽：《俄藏敦煌文献〈新集文词九经抄〉写本缀合与研究》，《兰州大学学报》（社会科学版）2002年第3期。
⑤ 屈直敏：《敦煌写本类书〈励忠节钞〉研究》，民族出版社2007年版。
⑥ 郑炳林、李强：《敦煌写本〈籯金〉研究》，《敦煌学辑刊》2006年第2期。
⑦ 郑炳林、李强：《唐李若立〈籯金〉编撰研究（上）》，《天水师范学院学报》2008年第6期；《唐李若立〈籯金〉编撰研究（下）》，《天水师范学院学报》2009年第1期。

《阴庭诫改编〈籝金〉及有关问题研究》一文认为阴庭诫对《籝金》改编过甚,其中语对事例附注很多解释出现偏差,并对阴庭诫改编《籝金》的社会背景及主导思想、阴氏家族的文化背景进行了研究;① 魏迎春、郑炳林《敦煌写本李若立〈籝金〉残卷研究》一文以敦煌写本 S.2053v 文献为中心,比堪其他《籝金》写卷及其他敦煌写本类书,得知 S.2053v 为唐朝李若立编撰《籝金》抄本,并讨论关于此本收录条目的相关问题;② 魏迎春《敦煌写本 S.5604〈籝金〉残卷研究》对 S.5604 进行考证,并认为通过此写本我们可以了解《籝金》原貌。③

上述这些具有代表性的知名类书,学者们大多都通过著书、学术论文对其进行过深入的研究,并取得了丰硕的研究成果,而对大部分冠首不定之类书和残缺的类书研究较少,如《事林》《事森》《应机抄》《琱玉集》别本、《语对》、北堂书钞体之类书等,故敦煌类书的研究领域还有许多工作需要我们去做。

第二节 学术史回顾

敦煌写本类书《应机抄》残卷现藏于英国国家图书馆,编号:S.1380,④ 该卷首尾残缺,共 332 行,不见书名和作者题文。相对于敦煌文献中的一些具有代表性的知名类书(《修文殿御览》《类林》《语对》《新集文词九经抄》《励忠节钞》《籝金》等)来说,学术界对《应机抄》的研究较为薄弱,但就其价值来说并不在他们之下。百余年来,学者们对敦煌写本类书《应机抄》的研究取得了很多重要的研究成果。

---

① 郑炳林、李强:《阴庭诫改编〈籝金〉及有关问题研究》,《敦煌学辑刊》2008 年第 4 期。
② 魏迎春、郑炳林:《敦煌写本李若立〈籝金〉残卷研究》,《敦煌学辑刊》2011 年第 3 期。
③ 魏迎春:《敦煌写本 S.5604〈籝金〉残卷研究》,《敦煌学辑刊》2011 年第 4 期。
④ 《英藏敦煌文献》(汉文佛经以外部分)第二卷,四川人民出版社 1990 年版,第 280—286 页。

绪 论

近代学者所著关于敦煌文献方面的书目中皆涉及敦煌写本类书《应机抄》，如卷 S.1380，向达《伦敦所藏敦煌卷子经眼目录》作"应机抄（三三二）"；① 刘铭恕《斯坦因劫经录》作"应机抄上下卷"，说明：首尾缺，唯下卷卷首，有应机抄卷下之标题；② 黄永武《敦煌遗书最新目录》作"应机抄上下卷"；③ 施萍婷《敦煌遗书总目索引新编》作"应机抄上下卷"，说明：首尾缺，唯下卷卷首有"应机抄卷下"之标题。④

上述著作仅对 S.1380 进行简单的介绍，而对其录文、校笺、内容、性质、成书年代等方面的研究都没有涉及。

最早对敦煌写本类书《应机抄》进行全面系统研究的是台湾的王三庆先生。首先，王三庆《敦煌类书》将 S.1380 定名为"应机抄"，并指出原卷中"应机抄卷下"之前文字必为卷上，或为卷中文字。⑤ 其言甚是，因原卷是否有"应机抄卷中"无从考证，故笔者也认为将卷 S.1380 定名为"应机抄"更为恰当。更为重要的是，王三庆《敦煌类书》对敦煌写本类书《应机抄》残卷作了辑录和校笺，并进行了叙录，其提要如下：

> 存 S.1380 号一卷，起"……□□不燋于□□之上，生花于已枯之木，亦恐难乎！"，讫"夫鸟高飞者……"，中题："应机抄卷下"。残存三六六则。
>
> 每则首列书名，或人名，下取成言为主，偶有叙事。全书并无分类，乃为书钞之标准型式。然而细究内容，则又自成体例，或以数则近似之内容联抄，或以书名汇集，或以人名排比，形成书钞与类书间的过渡特性与功能。不过，虽说书名及人名并列，

---

① 向达：《唐代长安与西域文明》，河北教育出版社 2001 年版，第 210 页。
② 王重民：《敦煌遗书总目索引》，商务印书馆 1962 年版，第 136 页。
③ 黄永武：《敦煌遗书最新目录》，台北新文丰出版有限公司 1986 年版，第 48 页。
④ 敦煌研究院编：《敦煌遗书总目索引新编》，中华书局 2000 年版，第 41 页。
⑤ 王三庆：《敦煌类书》，高雄丽文文化事业股份有限公司 1993 年版，第 86 页。

叙事与成言共举，实际上仍以书名为主，而且重在成言，不在叙事。引书中又以经、史、子为多，子书更占大宗，显然受到《群书治要》或《意林》一类的影响。

根据本卷中题："应机抄卷下"，可以确知题前必为卷上，或为卷中文字。由于每则接抄都以空白间距区别，偶或未分，所以则数的计算仅是依类概括。卷中无序文，也无作者题名，不能考知作者及其所处时代，然从抄写材料用淡褐色纸张；讳虎、世、民，不讳治字；书迹近于S.2072写卷，犹存盛唐遗风，根据此等条件衡量，似非中唐以后抄本。至于引用载籍，明引者高达七十种，时代极早，至迟不落两晋以后，且颇多不经见的佚籍或已经后人刊削重编之本，如《太公书》《六韬》《傅子》《符子》《华子》《广成子》《梁王》《才府》《三略》《苏子》《陆子》《唐子》《尸子》《亡名子》《阮子》《典言》《正典》《抱朴子》《拾遗》《善政》《胡非子》《燕丹子》《颜子》《厉成子》《析言》及俗语、谚语、古诗等多种，极具参考价值。书中"又云"者大底同属上条出典。可惜这些佚籍往往难以稽索，以因此不敢过份确认其文字是否隶属上则援引之书，否则其引书价值更高。至于引用圣贤之重言多种，亦可补充正史之阙文。

唯一值得注意的是：本卷所引书籍出典，近半数在现存载籍中无法找到对应，因此，是否这些书籍经过后人窜改？还是这些文字已经亡佚？或者作者只是任意性的援引文义而自铸词句，抑或是从书中注文钞出呢？这几种情况，在笺注还原的过程中都曾经出现，不必断言仅有一种可能。倒是其编纂体例及引文方式，在中国书钞史上，似为创新，发凡启例之功，对后来书钞体式的类书编纂影响不小。[1]

---

[1] 王三庆：《敦煌类书》，高雄丽文文化事业股份有限公司1993年版，第85—86页。

绪 论

上述提要对《应机抄》的体例、命名成因、成书的大致年代、引用载籍的大致情况及其价值进行了简单的分析,并提出问题"本卷所引书籍出典,近半数在现存载籍中无法找到对应"的具体原因,发人深省。

随着敦煌学文献的不断刊布,越来越多的学者投入敦煌类书的研究领域,对《应机抄》的研究有了更进一步的深入。白化文《敦煌遗书中的类书简述》对敦煌写本类书《应机抄》作了简介,其文如下:

> S.1380号,首尾皆残。在现存的从头数来的第227则之后,录有书名:"《应机抄》卷下。"以下顺数到374则,未毕而残。书法相当不错。估计全书分上下两卷,当在500则以上。编者不明。此卷无固定体例,无分类。或按书名起首,或按人名起首,或作"谚曰"等。大体上以内容接近的几则连抄。是一种小型的简单的书抄类型的资料辑录,可以勉强算作最粗放的类书。有人怀疑是某个人自抄自编供个人或仅在有限范围内使用的资料,也有一定的道理。①

刘明《敦煌类书残卷所见先唐诗歌校考(下)》一文,② 在充分吸取前人研究成果的基础上,对敦煌写本类书《应机抄》中有关唐前诗歌的12则内容重新校勘整理,补正了王三庆《敦煌类书》一些失校纰漏之处;同时该文又列举了《应机抄》中7条谚语,认为其可补《古谣谚》和《先秦汉魏晋南北朝诗》之阙佚。虽然刘明的研究对《应机抄》的12则内容进行了较为详细的校勘,但《应机抄》共380则内容,③ 其研究仅涉及《应机抄》全部内容的3%。

---

① 白化文:《敦煌遗书中的类书简述》,《中国典籍与文化》1999年第4期。
② 刘明:《敦煌类书残卷所见先唐诗歌校考(下)》,《敦煌学研究》2007年第2期。
③ 参见下文"引书分类统计"一节中的相关内容。

上篇　研究篇

萧旭《敦煌写卷 S.1380〈应机抄〉补笺》一文，认为王三庆《敦煌类书》限于当时的条件，存在一些缺陷，如一些典故没能考查出出处；一些典故考查出处不正确；一些典故考查出处时，没有找到早期文献；写卷有一些文字的考订有待商榷；写卷有一些文字错误没有发现并订正；同时，该论文在王三庆《敦煌类书》、郝春文《英藏敦煌社会历史文献释录（第5卷）》的基础上对《应机抄》文字校正部分提出一些意见，着重对《应机抄》中的54则内容进行了重新校勘，而且校勘甚为仔细，对原卷中的一些借字，皆引经据典，说明原因，弥补了王三庆《敦煌类书》一书的一些不足之处。①

郝春文主编《英藏敦煌社会历史文献释录（第5卷）》在《敦煌类书》的基础上对《应机抄》残卷进行校勘整理，该研究的主要贡献在于：根据《应机抄》残卷的原文及其文义，校正了《敦煌类书》关于《应机抄》残卷录文篇中的一些错字，并说明原因，使文义更为畅通。②但该研究在对《应机抄》的校录方面还存在一些问题：对文中以人名或书名冠首的内容，未加以区分，皆加以书名号，如《晏子》曰、《方言》曰、《颜子》曰、《魏文子》曰等，易对读者产生误导，使其将人名和书名混淆，亦不知该则内容到底是从典籍中抄录的，还是某人言语；据统计，该研究将《应机抄》残卷的内容分为328则，而《敦煌类书》作373则，本书作380则，三者存在差异的具体原因是《英藏敦煌社会历史文献释录（第5卷）》关于《应机抄》的录文篇，在很多地方，没有根据文义去划分则数，故导致了将二则或数则不相关的内容合为一则，如第122则，太公曰："道自微而生，祸自微而成。"第123则，蓬生麻中，不扶自直；白沙投泥，不染自黑。两则内容文义没有任何关联，而作者却将两者合为一则内容，易使读者误认为两则内容皆为太公之言。由上述可以看出，《英

---

① 萧旭：《敦煌写卷 S.1380〈应机抄〉补笺》，《敦煌学研究》2009年第2期。
② 郝春文、金滢坤编：《英藏敦煌社会历史文献释录（第5卷）》，社会科学文献出版社2006年版，第427—462页。

藏敦煌社会历史文献释录（第5卷）》关于《应机抄》的研究，为我们后续的校录工作奠定了良好的基础，但其重在校录文字，而未细究其内容，这样所造成的一些错误也为我们下一步的研究提出警示。

上述学者们关于敦煌写本类书《应机抄》的研究，唯有王三庆先生的研究最为系统。然而，上述研究对《应机抄》援引书籍的研究、性质和内容、成书背景与年代、与敦煌文书中其他书钞的比较研究、与唐代具有代表性的类似著作的比较研究等方面未有涉及或涉及不深。有鉴于此，笔者认为有必要对敦煌写本类书《应机抄》进行深入、细致的研究。王三庆《敦煌类书》、王三庆《敦煌本古类书〈语对〉研究》、屈直敏《敦煌写本类书〈励忠节钞〉研究》、郑阿财《敦煌写卷〈新集文词九经抄〉研究》、郑阿财《敦煌蒙书研究》、李强《敦煌写本〈籯金〉研究》等都是敦煌类书研究方面的成熟之作，由于笔者的能力有限，故本文在撰写方式、文章框架的勾勒方面主要参考《敦煌写本类书〈励忠节钞〉研究》《敦煌写卷〈新集文词九经抄〉研究》等进行研究，在与唐代具有代表性的类似著作的比较研究方面参考郑阿财《敦煌写卷〈新集文词九经抄〉研究》、王三庆《敦煌本古类书〈语对〉研究》、屈直敏《敦煌写本类书〈励忠节钞〉研究》等著作的相关章节进行研究。因此，不揣谫陋，把自己对《应机抄》残卷的点滴拙见写入文中，以就教于方家。

第三节 研究价值和意义

敦煌写本类书《应机抄》是唐代敦煌民间传授日常基本知识和学养的蒙学教材或家中长辈劝勉诫励子孙而抄录的家学读物，涉及了有关事理、劝学、德、忠孝、贞节、言行、交友、处世之道、德治、法治、牧民、用贤、刑罚、鉴诫等方面的要言，并且该书思想杂糅融合，包含道家、法家、兵家以及其他诸子的重要思想，是敦煌地区当时社会民间教育与伦理道德的映射。由此来看，《应机抄》具有较高的研究价值，但目前的研究成果较为薄弱。研究的价值和意义主要体现于以下几个方面。

一 录文校笺方面

在王三庆《敦煌类书》和郝春文主编《英藏敦煌社会历史文献释录（第5卷）》对《应机抄》写卷研究的基础上，并参考刘明《敦煌类书残卷所见先唐诗歌校考（下）》和萧旭《敦煌写卷S.1380〈应机抄〉补笺》，重新对写卷作了校笺，改正了录文中所出现的一些录错的文字；对注释方面作了更全面深入的考证，力求明其引文出处，其不得原典出处者，亦尽可能查寻相关文献以资参考。

二 史料价值

《应机抄》作为一种书钞与类书之间过渡性的作品，即具有书钞性质的写本类书，有助于我们对类书源流体制的探索。在类书的发展史上，私撰小型类书是相对于官修大型类书的一重要类别。古代文献保存条件和自然、人为等因素，造成私撰类书完整流传至今的并不多，而敦煌文献的出世弥补了这一遗憾。敦煌文献中的《应机抄》写本是以道德伦理教育为主要内容的小型类书，在编撰方式、资料来源等方面为研究者提供了重要的原型资料。

《应机抄》的史料价值主要体现在其所援引的书籍上，如其所引佚籍有《尹文子》《善政》《典言》《神仙传》《唐子》《司马法》《燕丹子》《苏子》《列仙传》《王氏春秋》《拾遗》《文章流别论》等各1则；《荀子》《六韬》《阮子》等各2则；《尸子》《陆子》等各3则；《才府》4则；俗语、谚语、古诗等多种。《应机抄》中还有很多"又云"者以及没有明著出处者，如果一一寻检，也都各有源头，涉及不少佚籍资料。这些佚文，虽为只言片语，但对于我们今天辑佚整理古籍有较高的参考价值。另外，今本诸多典籍皆据前代的众多写本整理而成，虽然历代学者对典籍的校勘做出了巨大的贡献，但不免仍有遗漏讹误之处，敦煌文献的发现为我们校勘古籍提供了新的材料。《应机抄》残卷所引经、史、子部书籍与传世刻本有异文者具有较高的校勘价值，如《庄子》23则、《抱朴子》15则、《素书》10则、《淮南子》7则、《汉书》7则、《史记》6则、《后汉记》5则、《三国志》3则等。①

  史料价值随着时间的推移而逐渐凸显，前人对《应机抄》本身所具备的史料方面的重要性已有所见识，因此，随着学者们对《应机抄》研究的不断深入，其价值将会被进一步挖掘。

三　反映唐代道德伦理教育之特点

  类书的基础价值也就是它的原始价值，即检索查询、汇集资料。将《应机抄》与其编辑方式和引用书风相近的《勤读书抄》《新集文词九经抄》《文词教林》进行比较，可以得知它们都是从经、史、子部典籍中选择可以作为应机教育子弟的文字，略作分合，而非严格分类。同时四者都是敦煌民间的训诫类读物，可以据此得知中国古代之通俗读物，基本上均离不开儒家及诸子之道德伦理教化，因此其取材亦多源自历代经史及诸子百家之言，重在宣扬儒家之忠孝礼义、德贤智让、勤学修身、行为处事、齐家治国等道德伦理规范和日常生活处事之准则，全面体现了唐代敦煌地区社会道德伦理基础教育的风尚。

四　对后世通俗读物的影响

  《应机抄》之类的通俗读物是在唐代科举选拔制度和民间私学教育发展与促进下的产物，是具有家训蒙书及书钞性质的特殊教材，其内容、体制，对后世通俗读物的发展有着很大的影响，也有利于我们考察唐代敦煌地区民间蒙书与通俗读物的发展演进、了解当时敦煌地区民间教育情况。

---

① 参见《第一章　写卷引书研究》中的表1-2"据写卷内容考证所得"。

第一章　写卷引书研究

第一节　引书分类统计

敦煌写本《应机抄》残卷的则数统计存在一些争议，王三庆《敦煌类书》录文篇作373则，①但其序文中误作为366则；②而白化文《敦煌遗书中的类书简述》对《应机抄》简介中作374则。③由于残卷中则与则之间大多未以空白间距加以区分，难免在统计时会出现一些偏差，本书据写卷文义并依类划分来统计则数，作380则，以便于后续研究。

敦煌写本《应机抄》现存残卷一卷，是敦煌写本类书中篇幅较多的书钞性质型类书之一，其所援引的典籍以子部最多，其次是史部、经部、集部，其中很多典籍为佚籍。在校笺《应机抄》残卷时，发现了一些问题：以书名或人名冠首的则数，其内容与书名或人名不符者较多；卷中"又云"者与其上面的则数出处不符者较多；没有标明其援引的典籍者较多。为了便于《应机抄》后期的研究，根据写卷的引书方式从以下几个方面对写卷援引的典籍进行统计：（1）明确标明援引书籍者，包括以书名、人名冠首，且不论其是否属于误引；（2）经"校笺篇"考证并纠正后的引用书籍，其中以人名冠首者、只叙事而

---

① 王三庆：《敦煌类书》，高雄丽文文化事业股份有限公司1993年版，第291—307页。
② 同上书，第85页。
③ 白化文：《敦煌遗书中的类书简述》，《中国典籍与文化》1999年第4期。

第一章 写卷引书研究

不标明所引用书籍者、以"又云"冠首者，皆根据其所述内容考查其出处，并得出结论；（3）不能确定引书出处者。

一 明引书籍表

表1-1包括以书名、人名冠首者，且不论其是否属于误引。（由于原卷误引较多，不能按"经、史、子、集"四类划分，故分为书名冠首和人名冠首两大类，较为恰当。）

表1-1　　　　　　　　　　明引书籍表

书名	则数	书名	则数	人名	则数	人名	则数
《易》	1	《鬼谷子》	1	孔子	1	子张	1
《尚书》	1	《三略》	1	魏文侯	1		
《论语》	1	《六韬》	2	魏文帝	1		
《孟子》	1	《苟子》	2	司马彪	1		
《韩诗》	1	《傅子》	2	仲长	1		
《史记》	4	《说苑》	2	鲁恭	1		
《汉书》	1	《尸子》	3	梁王	1		
《周书》	1	《善政》	1	范晔	1		
《魏志》	1	《陆子》	3	司马师	1		
《老子》	5	《典言》	1	东方朔	1		
《庄子》	2	《神仙传》	1	太公	5		
《韩子》	2	《唐子》	1	杨子	3		
《淮南子》	2	《司马法》	1	华子	2		
《列子》	1	《燕丹子》	1	广成子	1		
《墨子》	1	《苏子》	1	葛洪	1		
《孙子》	1	《阮子》	2	应劭	1		
《文子》	1	《孙卿子》	1	历成	1		
《鹖冠子》	1	《列仙传》	1	颜子	2		
《吕氏春秋》	1	《析言》	1	周生烈	1		

续表

书名	则数	书名	则数	人名	则数	人名	则数
《管子》	2	《胡非子》	1	徐干	1		
《慎子》	2	《正典》	1	曹植	1		
《尹文子》	1	《文章流别论》	1	马廖	1		
《论衡》	1	《陈子》	1	晏子	3		
《风俗通》	1	《拾遗》	1	苏秦	1		
《新论》	1	《王氏春秋》	1	魏文子	1		
《新书》	1	《古诗》	1	诸葛亮	1		
《新语》	2	《世语》	1	亡名子	1		
《抱朴子》	3	《才府》	4	子思	1		

上述共122则，考其书名或作者，绝大部分属于子部的内容。

二 据写卷内容考证所得表

表1-2中以人名冠首者、只叙事而不标明所引用书籍者、以"又云"冠首者，皆根据其所述内容考其出处，并得出结论。

表1-2　　　　　　据写卷内容考证所得表

经部		史部		子部		集部	
书名	则数	书名	则数	书名	则数	书名	则数
《周易》	1	《史记》	6	《庄子》	23	《楚辞章句》	1
《尚书》	1	《汉书》	7	《庄子》郭象注	1	《曹植集》	1
《礼记》	1	《后汉书》	5	《韩非子》	3		
《论语》	2	《三国志》[①]	3	《淮南子》	7		
《孝经》	1	《晋书》	4	《墨子》	2		
《韩诗外传》	1	《魏书》	1	《荀子》	2		
《白虎通义》	1	《周书》	1	《文子》	3		

---

① 《三国志》及《三国志》裴松之注均合在此栏统计。

续表

经部		史部		子部		集部	
书名	则数	书名	则数	书名	则数	书名	则数
		《战国策》	5	《吕氏春秋》	1		
		《列女传》	1	《晏子春秋》	2		
				《管子》	5		
				《慎子》	2		
				《论衡》	3		
				《盐铁论》	2		
				《风俗通》	1		
				《新论》	2		
				《金楼子》	1		
				《说苑》	2		
				《新语》	1		
				《孔子家语》	1		
				《抱朴子》	15		
				《三略》	6		
				《六韬》	1		
				《素书》	10		
				《太公金匮》	1		
				《子思子》	1		
				《潜夫论》	3		
				《典论》	1		
				《中论》	2		
				《政论》	1		
				《通语》	1		
				《谯子法训》	3		
				《周生烈子》	1		
				《袁子正书》	1		
				《物理论》	3		
				《要览》	1		

续表

经部		史部		子部		集部	
书名	则数	书名	则数	书名	则数	书名	则数
				《司马法》	1		
				《傅子》	3		
				《曾子》	1		
				《尸子》	2		
				《唐子》	1		
				《义记》	1		
				《诸葛子》	1		
				《典语》	4		
				《成败志》	1		
				《苻子》	1		
				《阮子》	1		
				《六代论》	1		

以上经部 8 则、史部 33 则、子部 133 则、集部 2 则，共计 176 则。

三　不可确考引书出处者

敦煌写本类书《应机抄》残卷共 380 则，经考证，能确定引书者有 176 则，还有 204 则不可确定其出处。不可确考引书者，主要有以下几种情况。

1. 以"谚曰""俗谚云""古人云""方言曰""古诗曰"等方式出现的就有 30 则，大多不可考其出处。

2. 所援引的典籍为佚籍，或内容散佚较多，无从考证，如《列子》《才府》《六韬》《陆子》《胡非子》《傅子》《鬼谷子》《尸子》《说苑》《文章流别论》《燕丹子》《陈子》《顾子》《新书》《拾遗》《神仙传》《庄子》《风俗通》《正典》等。

3. 无书名和人名冠首者，在现存典籍中也无法找到相应内容。

第一章 写卷引书研究

4. 该则内容在多部典籍中出现，无法确定其到底出于哪一部。

5. 该则内容中，部分文字有典籍可依，其余文字不知出处。从这204则不可确考引书中所叙述的内容来看，大多属于子史部类的典籍。

表1-1、表1-2是根据《应机抄》残卷内容的特点制作并统计，或有不当之处。通过两表的对比，可以看出原卷误引之处较多，但从两表所援引的典籍来看，皆以子部为主。表1-2中所得数据是经过校笺篇考证得出，更为准确。由表1-2可以得知敦煌写本类书《应机抄》残卷所援引典籍数量的统计结果：子部133则，约占75%，以《庄子》《抱朴子》《素书》《淮南子》《三略》《管子》为主；史部33则，约占20%，以《汉书》《史记》《后汉书》《战国策》为主；经部仅8则；集部最少，只有2则。而从不能确考的内容来看，也是以子部居多，史部次之，经部、集部则很少。另外，从该书所援引典籍的种类来看，子部47种，史部9种，经部7种，集部2种，子部所占比例也是最高的。综上所述，无论从其所援引典籍的数量还是种类来看，《应机抄》内容皆以子部为重，其种类也较为丰富。《应机抄》残卷所援引典籍中有不少为已佚书籍，或书籍内容散佚较多，具有较高的辑佚价值。该卷所援引典籍与今本典籍相比，差异较多，故其也有较高的校勘价值。从该书援引典籍的内容来看，与唐代当时的社会教育状况，特别是重视社会道德伦理教育的实际情况基本吻合。隋唐时期，在北周武帝禁断佛、道之后，又重兴二教，此时儒家思想知识体系的正统地位再次确立。儒、道、释三教之学，也随着魏晋南北朝长期的交融，界限也被打破而走向融合。当时，许多学者在著书立说之际，编纂了大量作为知识和道德伦理教育所用的通俗读本，其内容涉及儒、释、道三方面的知识，以便于写作时的征事用典，也可以用来教育子孙后代，这也为宋代理学的复兴提供了契机，敦煌地区广泛流传的《太公家教》《珠玉抄》《新集文词九经抄》《勤读书抄》《辨才家教》《籯金》《略出籯金》《语对》《类林》等正是这类书籍。

上篇　研究篇

　　敦煌写本类书《应机抄》在引书方面还存在一些问题，如所出现的误引、错引情形较多，大多不注明出处，且引书文字与今本相应典籍出入较大。由于《应机抄》是抄本文献，成于私家之手，再加上当时条件所限，出现这种情况也是在所难免的，因此在校勘写卷时，务必字字对照，并加以分析判断。虽然存在上述种种缺陷，但其仍有很大的价值，为我们了解敦煌当时社会教育状况提供了一个重要的平台，实为敦煌写本类书中一个极具特点的写本。

第二节　引书方式综述

　　敦煌写本类书《应机抄》援引典籍的方式主要有直引、约引、合引、误引等四种引书情形，兹分别举例说明如下。

一　直引

　　所谓直引，指据原卷文字直接抄录，不错乱、不加增、不删节的援引方式。由于《应机抄》残卷的抄录不十分严谨，导致个别字与引书不同，故将此瑕疵忽略。直引举例如下：

　　例1. 102《尚书》云："木从绳则正，君受谏则圣。"
　　按：本则出于《尚书》。《尚书·商书·说命上第十二》云："说复于王曰：'惟木从绳则正，后从谏则圣。后克圣，臣不命其承，畴敢不祗若王之休命？'"唯"后"字在本则中作"君"，二者义同。

　　例2. 110《论语》曰："揖让而升，下而饮，其争也君子。"
　　按：本则出于《论语·八佾》。

　　例3. 135《墨子》曰："战虽有阵，勇为本；丧虽有礼，哀为原。"
　　按：本则出自《墨子》，文字略有不同。《墨子》卷一《修身》

第一章 写卷引书研究

云:"君子战虽有陈,而勇为本焉;丧虽有礼,而哀为本焉;士虽有学,而行为本焉。""阵"同"陈","原"同"源"。

例4.225《论衡》曰:"夫采宝者,必破石而收玉;选士者,必弃恶而取善。"

按:本则出于《论衡》,文字略有不同。《论衡》卷一《累害第二》云:"夫采玉者破石拔玉,选士者弃恶取善。"

例5.345《易》曰:"立天下之道阴与阳,立地之道曰柔与刚,立人之道曰仁与义。"

按:本则出于《周易》。《周易·说卦》云:"昔者圣人之作《易》也,将以顺性命之理,是以立天之道曰阴与阳,立地之道曰柔与刚,立人之道曰仁与义。"

例6.350《尸子》曰:"审一经,百事成;审一纪,百事理。"

按:本则出于《尸子》,文字略有不同。《尸子·发蒙》云:"是故曰:'审一之经,百事乃成;审一之纪,百事乃理。'"

例7.353《慎子》曰:"有权衡者,不可欺以轻重;有尺寸者,不可差之短长;有法度者,不可巧以诈伪。"

按:本则出于《慎子》。《慎子·逸文》云:"有权衡者,不可欺以轻重;有尺寸者,不可差以长短;有法度者,不可巧以诈伪。"

例8.358鲁恭曰:"以德胜人者昌,以力胜人者亡。"

按:本则出于《后汉书》卷二十五《鲁恭传》。

例9.365陆贾曰:"君子以义相褒,小人以利相欺,愚者以力相乱,智者以德相治。"

按：本则为陆贾之言，出于《新语》，文字略有不同。《新语·道基第一》云：君子以义相褒，小人以利相欺，愚者以力相乱，贤者以义相治。

例 10.369 晏子曰："君子居必择邻，游必就士。"
按：本则出于《晏子春秋》卷五《内篇杂上第五》。

二 约引

所谓约引，指因原书文字过长，从而加以删节省略，力求其简洁的援引方式。如：

例 1.051 又云："因（周）王据道德之城，谁其敢入；殷帝横仁义之剑，莫与争锋。"
按：《盐铁论》卷九《繇役第四十九》云："所谓利兵者，非谓吴、越之铤，干将之剑也。言以道德为城，以仁义为郭，莫之敢攻，莫之敢入。文王是也。以道德为胄，以仁义为剑，莫之敢当，莫之敢御，汤、武是也。"《太平御览》卷三百四十三《兵部七十四·剑中》引《盐铁论》略同。

例 2.131 《文子》曰："使信士分财，不如探筹；使廉士守舍，不如闭户。"
按：《文子》卷四《符言》引老子之言，曰："使信士分财，不如定分而探筹，何则？有心者之于平，不如无心者也。使廉士守财，不如闭户而全封，以为有欲者之于廉，不如无欲者也。"

例 3.132 夫人性欲本静而嗜欲害之；河水欲清而沙土秽之。
按：本则出于《文子》，文字略有不同。《文子》卷六《上德》引老子之言，曰："日月欲明，浮云蔽之，河水欲清，沙土秽之。丛兰欲脩，秋风败之。人性欲平，嗜欲害之。"

例4.150《淮南子》曰："道之为用，横之则经论四海，舒之则绵周六合。"

按：《淮南子》卷一《原道训》云："夫道者，覆天载地，廓四方，柝八极，高不可际，深不可测，包裹天地，禀授无形；原流泉浡，冲而徐盈，混混滑滑，浊而徐清。故植之而塞于天地，横之而弥于四海；施之无穷而无所朝夕，舒之幎于六合，卷之不盈于一握。约而能张，幽而能明，弱而能强，柔而能刚，横四维而含阴阳，纮宇宙而章三光。"

例5.276 夫意合则胡越为兄弟，不合则骨肉为仇敌。

按：《汉书》卷五十一《贾邹枚路传第二十一》云："故意合则胡越为兄弟，由余、子臧是矣；不合则骨肉为仇敌，朱、象、管、蔡是矣。"

例6.284 夫满堂饮酒，一人向隅，满室为之不乐。

按：《汉书》卷二十二《刑法志第三》云："古人有言：'满堂而饮酒，有一人乡隅而悲泣，则一堂皆为之不乐。'"又有《说苑》卷五《贵德》云："故圣人之于天下也，譬犹一堂之上也，今有满堂饮酒者，有一人独索然向隅而泣，则一堂之人皆不乐矣。"《太平御览》《艺文类聚》引《说苑》略同。

例7.291 夫井底之鱼，不可说之于口（海）；夏日之虫，不可语之于水（冰）。

按：《庄子外篇·秋水第十七》云："北海若曰：'井蛙不可以语于海者，拘于虚也；夏虫不可以语于冰者，笃于时也；曲士不可以语于道者，束于教也。'"又有《淮南子》卷一《原道训》云："夫井鱼不可与语大，拘于隘也；夏虫不可与语寒，笃于时也；曲士不可与语至道，拘于俗束于教也。"

例8.296 又云："君子远使之而观其忠，近使之而观其敬，委之以财而观其廉，方（告）之以危而观其仁，示之以色而观其节。"

按：《庄子杂篇·列御寇三十二》云："孔子曰：'凡人心险于山川，难于知天……故君子远使之而观其忠，近使之而观其敬，烦使之而观其能，卒然问焉而观其知，急与之期而观其信，委之以财而观其仁，告之以危而观其节，醉之以酒而观其侧，杂之以处而观其色。'"

例9.318 夫富贵举动易为宜，贫贱举动难为适。徐行谓之饥虚，疾行谓之逃责。

按：本则出处待考。《潜夫论·交际第三十》云："故富贵易得宜，贫贱难得适。好服谓之奢僭，恶衣谓之困厄，徐行谓之饥馁，疾行谓之逃责。"本则与《潜夫论》所述义近。

例10.351 《韩子》曰："目短于自见，故以镜观面；身短于自知，故以道正己。面失镜，则无以正鬓眉；人失道，则无以知迷惑。"

按：《韩非子·观行第二十四》云："古之人目短于自见，故以镜观面；智短于自知，故以道正己。镜无见疵之罪，道无明过之恶。目失镜，则无以正鬓眉；身失道，则无以知迷惑。"

三 合引

所谓合引，指将原书的多处内容合抄为一条的援引方式。如：

例1.311 夫君子之法，无所欲而天下足，通于一而万事毕，而来世不可待，往世不可追。

按：《庄子外篇·天地第十二》云："故曰：'古之畜天下者，无

第一章 写卷引书研究

欲而天下足,无为而万物化,渊静而百姓定。'《记》曰:'通于一而万事毕,无心得而鬼神服。'"又《庄子内篇·人间世第四》云:"孔子适楚,楚狂接舆游其门曰:'凤兮凤兮,何如德之衰也!来世不可待,往世不可追也。'"

例2.314 为人之法,复入境而问楚(禁),亦入国而问俗,入门而问韩(讳),岂有犯乎?将上堂,声必扬。为人之子,出必辞,返必面。为子之礼,父召无诺,先生召无诺;父命之,手执业则投之,食在口则吐之。未有入室者不由于户,涉水不因于桥船。

按:《礼记·曲礼上第一》云:"入竟而问禁,入国而问俗,入门而问讳。"又同卷:"将适舍,求毋固。将上堂,声必扬。"又同卷:"夫为人子者,出必告,反必面,所游必有常,所习必有业。"又同卷:"侍坐于先生,先生问焉,终则对。请业则起,请益则起。父召无诺,先生召无诺,唯而起。"《礼记·玉藻第十三》云:"父命呼,唯而不诺,手执业则投之,食在口则吐之,走而不趋。"《礼记·礼器第十》云:"故经礼三百,曲礼三千,其致一也。未有入室而不由户者。"

例3.346 《管子》曰:"仓廪实,知礼节;衣食足,知荣辱。不务天时,则财不生;不务地利,则仓不盈。"

按:本则出于《管子》。《管子·牧民第一》云:"国多财则远者来,地辟举则民留处,仓廪实则知礼节,衣食足则知荣辱。"又同卷:"不务天时则财不生,不务地利则仓廪不盈。"

例4.347 《孙卿子》曰:"与人善言,煖于布帛;与人恶言,深于矛戟;赠人以言,重于金石珠玉;观人以言,美于黼黻文章;听人以言,乐于钟鼓琴瑟。"

按:本则出于《孙卿子》,《孙卿子》又称《荀子》,本则由《荀子》中二则内容合并而成。《荀子·荣辱第四》云："故与人善言，煖于布帛；伤人之言，深于矛戟。"《荀子·非相第五》云："故赠人以言，重于金石珠玉；观人以言，美于黼黻文章；听人以言，乐于钟鼓琴瑟。"

例5.366 马廖曰："吴王好剑客，百姓有疮瘢；楚王发细腰，宫中多饿死；城中好高髻，四方高一尺；城中好广眉，四方阔半额；城中好长袖，四方用匹帛。"

按：《后汉书》卷二十四《马廖传》云："传曰：'吴王好剑客，百姓多创瘢；楚王好细腰，宫中多饿死。'长安语曰：'城中好高髻，四方高一尺；城中好广眉，四方且半额；城中好大袖，四方全匹帛。'"

四 误引

所谓误引，指原书的内容与所标的书名、人名不相符的援引方式。如：

例1.019《老子》曰："夫有清白之志者，不可以爵禄引也；有贞节操者，不可以威刑胁。"

按：查今本《老子》无本则内容。《三略·下略》云："清白之士，不可以爵禄得；节义之士，不可以威刑胁。"

例2.034《史记》云："香饵之下，必有悬鱼；重赏之下，必有死夫。"

按：查《史记》并无本则内容。《三略·上略》引《军谶》曰："香饵之下，必有死鱼；重赏之下，必有勇夫。"

例3.042 梁王曰："家贫则思良妻，国乱则思良相。"

按：本则并非梁王之言。《史记》卷四十四《魏世家第十四》

第一章 写卷引书研究

云：魏文侯谓李克曰："先生尝教寡人曰'家贫则思良妻，国乱则思良相'。今所置非成则璜，二子何如？"

例 4.072 晏子曰："非其义者不受其利，非其道者不贱（践）其土。"

按：本则并非晏子之言。《庄子杂篇·让王第二十八》云："务光辞曰：'废上，非义也；杀民，非仁也；人犯其难，我享其利，非廉也。'吾闻之曰：'非其义者，不受其禄，无道之世，不践其土。'"《吕氏春秋·离俗览》《太平御览》卷四百二十四《人事部六十五》引务光之言同。

例 5.117 太公曰："臣之事君，不逆上以自成（伐），不立私以要名。夫子立私者家必衰，臣立私者国必危。"

按：本则出于《战国策》，文字略同，并非太公之言。《战国策》卷十九《赵二》云："赵燕后胡服，王令让之曰：'事主之行，竭意尽力，微谏而不哗，应对而不怨，不逆上以自伐，不立私以为名。子道顺而不拂，臣行让而不争。子用私道者家必乱，臣用私义者国必危。'"

例 6.144 《善政》曰："西门豹性急，佩韦以自缓；董安于心缓，佩弦以自急。"

按：查相关史籍善政篇，并无本则内容。《韩非子·观行》云："西门豹之性急，故佩韦以自缓；董安于之心缓，故佩弦以自急。"《艺文类聚》卷二十三《人部七·鉴戒》、《太平御览》卷三百七十六《人事部一十七·心》、《太平御览》卷四百五十九《人事部一百·鉴戒下》、《太平御览》卷七百六十六《杂物部一·皮》引《韩子》略同，《刘子·和性》亦引。

例 7.167 《陆子》曰:"敬一贤而众贤悦,诛一恶而众恶惧。"

按:本则出于《典语》。《群书治要》卷四十八《典语》云:"得人之道,盖在于敬贤而诛恶也;敬一贤则众贤悦,诛一恶则众恶惧。"《典语》为陆景所撰,《陆子》为陆云所撰,本则疑为作者将上述二人的作品混淆而误抄。

例 8.222 《汉书》云:"直如弦,死道边;曲如钓(钩),返(反)封侯。"

按:本则出于《后汉书》,而非《汉书》,疑为作者误抄所致。《后汉书》志第十三《五行一》云:"顺帝之末,京都童谣曰:'直如弦,死道边。曲如钩,反封侯。'"

此外还有引书内容今本所无,其他类书也不见征引的情形。如:

例 1.070 《三略》曰:"逢礼(乱)则习武,遇治则肆文,君子之行也。"

例 2.078 杨子曰:"天地虽广,无安心之处;日月虽明,无照心之功。何则然也?心无形故尔。"

按:杨子即杨朱,战国时期魏国人,他的见解散见于《庄子》《孟子》《韩非子》《吕氏春秋》等书,经查询,上述书籍并无本则内容。

例 3.082 颜子曰:"石下之兰,抽心难出;谗言之侧,宁申正直。"

按:颜回,字子渊,又称颜子,他的只言片语,收集在《论语》等书。查相关史籍,并无本则内容。

例 4.083 《老子》曰:"夫道非远近,近则取之,远则舍之,无

第一章 写卷引书研究

取无舍，可谓道矣。"

例5. 086《韩子》曰："道之于人，不亲不疏，其能修者，方为证焉。"

例6. 198《新书》曰："床枕之言不出，可谓远矣；昏定之语不入，可谓明矣。"

例7. 202《韩子》曰："天雨者，应时而降则甘，违时而澍则苦。"

例8. 241《慎子》曰："天下不窥，则图圄何所系，狱讼何所辩？天下不盗，则刑罚何所诛，兵戈何所戮？"

例9. 371《风俗通》曰："饮人酒者归躅樽，欧人父者归闭门。"

例10. 374《庄子》曰："欲人饭之，必精其未；欲人敬之，当卑其体。"

综上所述，就《应机抄》的编纂体例而言，大致有以下几点特征。

1. 全书内容按上（中）下卷作以区分，没有依照类书传统的分类方式，即依类区分或据字区分。
2. 所引事文或标明引书出处，或不标明引书出处。
3. 事文内容取材以子部为主，兼及史部、经部。

由此可见，本书在编纂分类及引书方式上不甚严谨，引书的内容四部杂糅，时代不分，引书以直引、约引、合引、误引为主，过半则数没有标明出处，但内容往往与《太平御览》《艺文类聚》《初学记》

· 37 ·

等相合。引书文字与今本相关史籍差异颇多，误引情形也较多。以此观之，可见《应机抄》的内容并非据原典籍严格摘抄，它或许只是一部出自敦煌地区民间文人的作品，并非出于名家之手，又经众人传抄，易出现讹误，这也体现出类书编纂的一些共同特征。

第三节 引书的辑佚价值

敦煌写本类书《应机抄》是根据当时流行的经籍原典及各种类书汇录纂辑而成。我们可以通过对以引用的形式保存在《应机抄》中的已经失传的文献材料加以搜集整理，使已经佚失的书籍文献中的内容得以部分恢复，这就是本节所要探讨的重点。

敦煌写本类书《应机抄》残卷共380则，经考证，能确定引书者有176则，还有204则不能确定其出处。据统计，能确定引书的176则内容所引古籍达80余种，残卷中还有超过一半的内容不能确考其出处，且不知残卷占原书的比重，故全书引用典籍当远超于百数种。《应机抄》的内容以成言为主，偶有叙事，所引内容大多不标明援引典籍，且引用的典籍皆为中唐以前的书籍。原卷所引的《列子》《陆子》《鹖冠子》《傅子》《析言》《苻子》《管子》《尸子》《墨子》等诸多佚文，虽为只言片语，但对于我们今天辑佚整理古籍有较高的参考价值。下面略举数例来探讨其辑佚价值。

例1.006《列子》曰："尘雾之微，补益山海；荧烛之光，增辉日月。"

按：《列子》，列御寇撰，张湛注，《汉书·艺文志》著录为八篇，《隋书·经籍志》《旧唐书·经籍志》《新唐书·经籍志》著录为八卷。今本《列子》，疑为汉魏后人所作，不见本则内容。考本则见于《曹植集》《三国志》《艺文类聚》。《曹植集·求自试表》云："冀以尘雾之微，补益山海；荧烛末光，增辉日月。"又有《三国志》

第一章 写卷引书研究

卷十九《魏书·陈思王曹植传》、《艺文类聚》卷五十三《治政部下·荐举》引《求自试表》同。故本则或可补今本《列子》之阙佚。

例 2.012《六韬》云："夫战争之时，以谈略为先；平定之后，以忠义为最。"

016《六韬》云："臣与君（主）同者昌，主与臣同者亡。"

按：《六韬》，战国时著作，《隋书·经籍志》著录为五卷，《旧唐书·经籍志》《新唐书·经籍志》《宋史·艺文志》著录为六卷。今本《六韬》未收录上述二则。

考第二则见于《三国志》裴注、《后汉书》。《三国志·魏书·袁绍兴传》裴注引献帝传曰："夫臣与主不同者昌，主与臣同者亡，此黄石之所忌也。"《后汉书》卷七十四《袁绍传》云："夫臣与主同者昌，主与臣同者亡，此黄石之所忌也。"〔夫臣与主同者（昌主与臣同者）亡，集解引惠栋说，谓献帝传云"臣与主同者昌，主与臣同者亡"，传漏"昌主与臣同者"六字。今据补。〕又有《后汉书》李贤注云："臣与主同者，权在于主也。主与臣同者，权在臣也。"

由上述可知，《三国志》裴注与《后汉书》所述文字略同，但意义相反，据诸引书及上下文义，当以《后汉书》作"臣与主同者昌，主与臣同者亡"为长。

第一则不可考，故上述二则或可补今本《六韬》之缺。

例 3.013《陆子》曰："居私也，勤身以致养；及在朝，竭命以申忠。"

140《陆子》曰："镜执明，则美恶从之；衡执平，则轻重随之。"

按：《陆子》，晋陆云撰，《隋书·经籍志》《旧唐书·经籍志》《新唐书·经籍志》著录为十卷，《清史稿·艺文志》著录为一卷。

后人将陆云的著作汇集为《陆云集》，不见上述二则内容。

考第一则见于《三国志》《文选》《艺文类聚》，《三国志》卷六十五《吴志·韦曜传》引韦曜之言："且君子之居室也勤身以致养，其在朝也竭命以纳忠，临事且犹旰食，而何博弈之足耽？"《文选》卷五十二引《博弈论》同。《艺文类聚》卷七十四《巧艺部·博》引《博弈论》云："且君子之居室也，勤身以致养，其在朝也，竭命以纳忠，故老友之行立，贞纯之名彰，方今圣朝乾乾，务在得人，博选良才，旌简髦俊，设呈试之科，垂金爵之赏，诚千载之嘉会，百世之良遇也。"

考第二则见于《韩非子》。《韩非子·饰邪》云："故镜执清而无事，美恶从而比焉；衡执正而无事，轻重从而载焉。夫摇镜则不得为明；摇衡则不得为正，法之谓也。"

故上述二则或可补《陆子》之阙佚。

例4.017《鹖冠子》曰："夫功不厌约，事不厌省。功约则易成，事省则易治。"

按：《鹖冠子》，先秦道家、兵家著作，《汉书·艺文志》著录为一篇，《隋书·经籍志》《旧唐书·经籍志》《新唐书·经籍志》《宋史·艺文志》著录为三卷，今本《鹖冠子》无本则内容。考本则见于《文子》《淮南子》，《文子》卷十《上仁》引老子之言云："故功不厌约，事不厌省，求不厌寡。功约易成，事省易治，求寡易赡。"《淮南子》卷二十《泰族训》云："故功不厌约，事不厌省，求不厌寡。功约易成也；事省易治也；求寡易澹也。众易之，于以任人，易矣。"故本则或可补今本《鹖冠子》之阙佚。

例5.028《傅子》曰："安在得贤，危在失士（事）。"

按：《傅子》，晋傅玄撰，《隋书·经籍志》《旧唐书·经籍志》《新唐书·经籍志》著录为一百二十卷，《宋史·艺文志》著录为五

第一章 写卷引书研究

卷,可见其内容在唐宋之间已散佚很多。今本《傅子》不载本则内容,考本则见于《素书》。《素书·安礼》云:"安在得人,危在失事。"故本则或可补今本《傅子》之阙佚。

例6.038《才府》曰:"以仁为本,录在袁宏之文;以忠为基,明于孔丘之说。"

055《才府》曰:"弘农山隈,公超隐路之处;长安市内,伯休避名之所。"

089《才府》曰:"庐岳赪鱼钓耳(饵)不能死,罗山白鸭众能羁。"

212《才府》曰:"文王之接吕望,桑阴不移;立(玄)德之见孔明,暑影未徙。伯偕识绝音之相于烟烬之余,平子列(别)逸响之声未用之所者,作御世之謦策。"

按:《才府》,历代史志均无著录,亦不知撰者、卷数,也不知何代佚书。上述四则,前三则不知所出,唯第四则内容与《抱朴子》义近。《抱朴子外篇·清鉴》云:"文王之接吕尚,桑阴未移,而知其足师矣。玄德之见孔明,暑景未改,而腹心已委矣……若伯喈识绝音之器于烟烬之余,平子剔逸响之竹于未用之前。"故此四则或可补《才府》之缺。

例7.039《鬼谷子》曰:"奔车之上无仲尼,覆舟之下无伯夷。"

按:《鬼谷子》,《隋书·经籍志》著录为三卷,《旧唐书·经籍志》《新唐书·经籍志》著录为二卷,共十四篇,今本缺第十三、十四篇,且不载本则内容。考本则见于《韩非子》《太平御览》《金楼子》。《太平御览》卷六百三十八《刑法部四·律令下》、卷七百六十八《舟部一·叙舟上》引《韩子》同。《金楼子》卷四《立言篇九下》云:"夫奔车之上无仲尼,覆车之下无伯夷。故号令者,国之舟车也,安则廉贞生,危则争鄙起矣。"《太平御览》卷四百五十九

上篇　研究篇

《人事部一百·鉴戒下》引《淮南子》云:"奔车之上无仲尼,覆舟之下无伯夷。"《太平御览》卷四百三十《人事部七十一·谨慎》引殷康《明慎》云:"奔车之上无仲尼,覆舟之下无伯夷,益言慎也。"故本则或可补今本《鬼谷子》之阙佚。

例8.046《尹文子》曰:"刑严则冬雪夏淫,法乱则秋霜春落。伊生被害,甚雾便兴;陆子见诛,大风斯起。"

按:《尹文子》,战国尹文撰,《汉书·艺文志》著录为一篇,《隋书·经籍志》《旧唐书·经籍志》著录为二卷,《新唐书·经籍志》《宋史·艺文志》著录为一卷。今本《尹文子》仅一卷,且不载本则内容,其他类书也不见征引。

例9.064《符子》曰:"有文无武,何以缉乱;有武无文,何以镇静。"

188《符子》曰:"荆山不贵玉,蛟人不爱珠,以其饶故也。"

按:《符子》,前秦苻朗撰,原书已佚,现有马国翰《玉函山房辑佚书》和严可均《全晋文》两个辑本,但都未收录上述二则。

考第一则与《说苑》所述义近。《说苑》卷一《君道》云:"夫有文无武,无以威下,有武无文,民畏不亲,文武俱行,威德乃成。"

《太平御览》辑录了第二则内容。《太平御览》卷八百五《珍宝部四·玉下》引《符子》曰:"荆山不贵玉,鲛人不贵珠。"

故上述二则或可补《符子》之缺。

例10.105《尸子》曰:"无功之贵,不义之富,祸之基也。"

137《尸子》曰:"虎豹之驹,虽未成文,而有食羊之意;鸣鹄之雏,虽羽未备,而有四海之心。"

按:《尸子》,尸佼撰,先秦杂家著作。《汉书·艺文志》著录为二十篇,《隋书·经籍志》《旧唐书·经籍志》著录为二十卷,《新唐书·经籍志》著录为十卷。宋代时已亡佚，清代时有四种辑本：震泽任兆麟本，元和惠栋本，阳湖孙星衍本，萧山汪继培本，但都未收录上述二则内容。

第一则与《初学记》所述义近，《初学记》卷十八《人部中·富第五》引《春秋左氏传》曰："齐庆氏亡，分其邑与晏子，晏子不受。人问曰：'富者，人所欲也，何为不受？'对曰：'无功之赏，不义之富，祸之媒也。我非恶富，恐失富也。'"本则内容与《初学记》所云义近，或可补《尸子》之阙佚。

第二则见于《意林》《艺文类聚》《太平御览》，《意林》卷一引《尸子》云："虎豹之驹未成文，而有食牛之气；鸿鹄之鷇羽翼未合，而有四海之心。"《艺文类聚》卷九十《鸟部上·鸿》引《尸子》、《太平御览》卷四百二《人事部四十三》引《文子》略同。

故上述二则或可补今本《尸子》之缺。

例11.164《苏子》曰：夫大水之受浊，能使水清；大德之正邦，能使邦安。

按：《苏子》，《汉书·艺文志》著录为三十一篇，《隋书·经籍志》《旧唐书·经籍志》《新唐书·经籍志》著录为七卷，今已亡佚。故本则或可补《苏子》之阙佚。

例12.177《流别论》曰："大张破纲，以御逸兽；守坏堤，以防决河，非所以救也。"

按：《文章流别论》西晋文学家挚虞撰，原文已佚，故本则或可补《文章流别论》之阙佚。

例13.184《燕丹子》曰："探鹫巢而求凤卵，披井底而觅鲸鱼，虽加至勤，无由可得。"

按：《燕丹子》，《隋书·经籍志》《新唐书·经籍志》著录为一卷，《旧唐书·经籍志》《宋史·艺文志》著录为三卷，明代时已佚。今本《燕丹子》共三卷，且不载本则。本则内容与《抱朴子》所述义近，《抱朴子内篇·释滞》云："是探燕巢而求凤卵，搜井底而捕鳝鱼，虽加至勤，非其所有也，不得必可施用，无故消弃日月，空有疲困之劳，了无锱铢之益也。"故本则或可补今本《燕丹子》之阙佚。

例14.190《陈子》曰："弃向（司）晨之鸡，俟凤凰警日，何义可求也。"

按：《陈子》为东汉陈纪所撰，今已佚，故本则或可补《陈子》之阙佚。

例15.198《新书》曰："床枕之言不出，可谓远矣；昏定之语不入，可谓明矣。"

按：《新书》，汉贾谊撰，《新唐书·经籍志》《宋史·艺文志》著录为十卷。今本《新书》十卷58篇，且无本则内容，其他史籍也不见征引。

例16.214《神仙传》曰："入渊不湿，践刃不伤者，道术之士也。"

按：《神仙传》，东晋葛洪撰，共十卷。今本《神仙传》并非全本。考本则见于《抱朴子》，《抱朴子内篇·对俗》云："若道术不可学得，则变易形貌，吞刀吐火，坐在立亡，兴云起雾，召致虫蛇……入渊不沾，蹴刃不伤，幻化之事，九百有余，按而行之，无不皆效，何为独不肯信仙之可得乎！"故本则或可补今本《神仙传》之阙佚。

例17.241《慎子》曰："天下不窥，则图圄何所系，狱讼何所辩？天下不盗，则刑罚何所诛，兵戈何所戮？"

按：《慎子》，战国慎到撰，《汉书·艺文志》著录为四十二篇，《隋书·经籍志》《旧唐书·经籍志》《新唐书·经籍志》著录为十卷，《宋史·艺文志》著录为一卷。今本《慎子》仅七篇，佚失较多，且无本则内容，其他史籍也不见征引，故本则或可补今本《慎子》之阙佚。

此外，《应机抄》残卷中还有诸多以"又云"为首的引书，因不能确认其文字是否隶属上则引书，故在此不再叙述。

第二章 《应机抄》的性质、内容及成书年代

英藏敦煌文献 S.1380《应机抄》是敦煌文献中保存的类书中重要的一种，虽然它不像《励忠节钞》《籯金》规模大，经过学术界研究，就其价值来说并不在他们之下。书籍是传播各种知识和思想，积累人类文化的重要工具。在印刷术发明之前，书籍十分稀缺，抄书成为古代传承书籍的重要途径，官方常集中大量的人力物力进行抄录整理书籍的活动，而一般的平民百姓，因家贫无法承担买书的费用，则常借书进行抄录。印刷术发明之后，随着刻本书的流行，抄书虽逐渐式微，但与刻本书并行不悖，在民间仍广为盛行。由此可见，抄书在中国古代文化教育与知识传承中具有重要的意义。敦煌古代抄本文献是敦煌学研究的重点之一，因其年代较早，且保存较为完整，使我们可以直观地进行研究。敦煌写本类书《应机抄》是敦煌古代抄本文献中极具特点的一个写本，学者们对其关注较少，本章节就其内容、性质及成书年代作进一步的探讨。

第一节 《应机抄》的体制

类书是中国古代一种资料型书籍，它汇集各种材料，以便于查寻、援引为主要目的，分门别类地加以辑录。一般来说，类书的体制分为两种：或以类编排，或据字区分，其撰述方式主要有：根据事文

第二章 《应机抄》的性质、内容及成书年代

时代排比编排、用偶句标明事文、用骈语概括事文、以诗体叙述事文、用文赋铺叙事文、直接摘录事文之字句、以事文之数目作为门类子目、一问一答的体例、聚古事而校异同等。①

类书缘起于抄撮之学，抄撮之作即为书钞。春秋战国时期，《春秋左氏传》经多人抄撮，据刘向《别录》云："左丘明授曾申，申授吴起，起授其子期，期授楚人铎椒。铎椒作《抄撮》八卷，授虞卿；虞卿作《抄撮》九卷，授荀卿；荀卿授张苍。"② 秦朝，抄撮之学逐渐兴起，著作有《史籀篇》《仓颉》《爰历》《博学》等，皆规橅史籀，以教学童。迨至后汉，钞书的内容大多限于史书，《隋书·经籍志》云：

> 又自后汉已来，学者多钞撮旧史，自为一书，或起自人皇，或断之近代，亦各其志，而体制不经。③

三国时，抄撮之学大盛，钞书的内容也较为广泛，《三国志·魏书·武帝纪》裴注云：

> 博览群书，特好兵法，抄集诸家兵法，名曰接要，又注孙武十三篇，皆传于世。④

三国魏文帝时，刘劭等所撰的《皇览》是中国最早的一部综合性类事之书，该书集五经群书，专辑故事，比事纂言，以类相从，篇幅宏富，可谓周详。自《皇览》之后，类书的发展经久不衰，大型、专门性的类书层出不穷。

---

① 王三庆：《敦煌类书》，高雄丽文文化事业股份有限公司1993年版，第1—10页。
② 李学勤编：《十三经注疏·春秋左传正义》，北京大学出版社1999年版，第2页。
③ （唐）魏征等：《隋书》卷33《经籍志二·史部》，中华书局1973年版，第962页。
④ （晋）陈寿撰，（宋）裴松之注：《三国志》，中华书局1959年版，第3页。

由此看来，中国最初的抄撮之学，大多是为了某种单项需要而编纂，抄录资料的范围狭窄，内容较为单一，往往是寻章摘句，不求系统和齐全。当抄撮之作发展至类书时，为了满足"文治"的需要，统治阶级往往组织大量的人力、物力进行编纂，这时类书的分类越来越细，辑录内容更为广泛，规模也有了空前的拓展，明显地向资料汇集方面发展。

就敦煌写本《应机抄》残卷来说，全书没有分类，只以上（中）下卷作以区分，显然不是类书的标准模式。但究其内容，引书达八十余种，规模远远大于单纯的抄撮之作；数则同类内容往往连在一起，出现了"以类编排"的雏形，已具"资料汇编"的特性，并且大多则数或以书名冠首，或以人名冠首。因此，我们既不能将《应机抄》列入书钞之类，也不能将其作为类书之体，只能算是一种书钞与类书之间过渡性的作品，即具有书钞性质的写本类书。

第二节　《应机抄》的性质与内容

《应机抄》，顾名思义，就是根据作者某方面需求，抄录各种典籍的菁华，来机动灵活地应付各种情况。"应机"即随机应变，一般引申为：学者拥有此抄书，如智珠在握，随时可以觅证取材，从而有左右逢源之乐。故张涤华《类书流别》引《角山楼增补类腋序》云：

> 琅琊刈稻，陆乂不知；重九题糕，刘郎不敢。以舍人之淹通，诗豪之博雅，何至盲左、《周官》，读犹未熟，竟忘鄌国之在何处，粉餈之为何物哉？泛览经史，第多忽略，类次故实，易备参稽。苟于诵习之余，遇事笔记，分别排比，以供驱遣，必无临文傥恍，难于援据之理。则类书虽涉饾饤，载籍中固不可少此一种也。①

---

① 张涤华：《类书流别》，商务印书馆1985年版，第37页。

第二章 《应机抄》的性质、内容及成书年代

"抄",则指抄撮各种典籍中的精言要论,因古代书籍卷帙繁多,不易研读寻绎,而删繁节要编纂成书。其所谓的抄,盖取节要、摘录之义,正如敦煌写卷 P.2385 卷背《毘尼心疏释》中所言:

> 抄者,略也。因令撮略正文,包括诸意也。略取要义,不尽于文。"抄"字著手,即拾掇之义,取其要者。①

中国古代书籍中存在大量以"钞"或"抄"命名的文献,如《皇览钞》《北堂书钞》《珠玉钞》《麟角抄》《备忘小钞》《文选抄》《杂事钞》《子钞》《梁武帝兵要钞》《天文集要钞》《文苑钞》。敦煌文书中也有很多以"钞"或"抄"命名的写本,如《励忠节钞》《勤读书抄》《应机抄》《新集文词九经抄》《杂抄》《节本珠玉钞》等。这些写本书钞,或捃摭旧文,便于观览,以供缓急可就而求焉;或抄录有关勤学事类作为家教,用以劝勉诫励子孙;或抄录忠孝节义事类,资以训俗安邦。就其内容性质而言,主要涉及识字教育、道德、知识、德行等方面,由于其内容多切合民生日用彝伦,因此流行于敦煌地区,成为民间的道德规范与行为准则,充分发挥了此类通俗读物的社教功能,影响深远。

从《应机抄》残卷援引书籍的情形来看,其抄录的主要范围是经部、史部、子部典籍,且以子部为重。这与唐代著名的类书《群书治要》和《意林》相近,也是类书在编纂发展过程中产生的一种较为特殊的体例,隋唐以前的类书大多偏重经传,间采子集,取材范围较窄;唐宋时期,类书的内容范围变宽,作用多样化,编排体例也各有特点,尤其是民间的私修类书更偏重于识字教育、知识教育、德行教育等方面。但是,由于《应机抄》只能算是一种书钞与类书之间过渡性的作品,它没有像传统类书一样有完整的部类编次,我们无法从部

---

① 郑阿财、朱凤玉:《敦煌蒙书研究》,甘肃教育出版社 2002 年版,第 298—299 页。

类编次和内容概括的名目上得知它所包含的知识体系和思想意识，这给我们的考证带来了相当大的困难。但从《应机抄》残存的内容中，也可以对其所蕴含的思想有所了解。本章节根据中国古代道德准则和政治秩序，将《应机抄》残卷的内容分类统计如下：事理类125则，修身类109则，治国安邦类63则，鉴诫类50则，另外还有33则涉及军事、务农、人性等方面的内容。下文拟对《应机抄》所反映的思想体系进行初步探讨。

一　事理类

事理即事物的道理，在本文中包括对"道"的阐述、自然规律、通过自然现象推究各种事理，现分述如下。

1. 对"道"的阐述。这里的"道"是指天地万物的本源，是看不见、摸不着，但又确实存在的形而上者。

例1.083《老子》曰："夫道非远近，近则取之，远则舍之，无取无舍，可谓道矣。"

例2.086《韩子》曰："道之于人，不亲不疏，其能修者，方为证焉。"

例3.150《淮南子》曰："道之为用，横之则经论四海，舒之则绵周六合。"

例4.293又云："道不可闻，闻而非道；道不可见，见而非道。（道）之为体，绝于闻见。夫道，近之不见其面，望之不睹其颜。"

例5.299夫道万物之所由，失之者死，得之者生，逆之者败，顺之者成。

2. 自然规律。自然规律是指存在于自然界的客观事物内部的规律，即自然现象固有的、本质的联系。

例1.014夫泉竭则流涸（涸），根朽则叶枯。

例2.032又云："山峭者崩，泽满者溢。"

例3.061又云："廊庙之材出于山林，璧玉之珍资于荆石。"

例 4.112 夫鸟同翼者聚飞，兽同足者俱行。

例 5.123 蓬生麻中，不扶自直；白沙投泥，不染自黑。

3. 通过自然现象推究各种事理，涉及修身、齐家、治国等重大问题。

例 1.036 夫百寻之室，焚之于寸灯；千丈之波（堤），溃之于一（蚁）穴。

例 2.041 彦（谚）曰："抱薪救火，薪不尽，火不灭，何可怪也。"

例 3.060 夫蚌含珠而不剖，则不能发曜幽之明；金蕴石而未断，则不能有利物之用。

例 4.106 谚曰："猛虎捕鼠不如猫儿，麒麟缘木不如猿猴，各有其用，非可一乎！"

例 5.113 谚曰："见菟（兔）呼犬未为迟；失马失才（牛），始补栏枥，何其晚也。"

二 修身类

修身类主要包括劝学、德、忠孝、贞节、言行、交友、处世之道等。

1. 劝学。古人学习是为了提高自身的道德修养、完善自我，本文抄录劝勉、鼓励学习的言论，从而揭示学习的重要性。

例 1.181 夫水性虽流，不导不通；人性虽智，不学则不达。

例 2.247 又云："学欲速则不达，事欲易则不固。"

例 3.265 夫学者及为于己，耳听心涤，目悦身履。

2. 德即道德品行。

例 1.050《老子》曰："圣人之宝非玉，贤者所珍，唯德唯道；子罕亢辞，止（只）用不贪为重；景纯发奏，宁持美丽为珍。"

例 2.158 夫君子之德，如高山，似深泉，仰之不极，俯（度）之不侧（测）。

例3.278 夫善积而名显，德积而身尊。

3. 忠孝即忠于君国、孝敬父母。

例1.015 古之贤人，入则致孝于亲，出则致节于君，岂不善欤？

例2.084 杨子曰："父以道生我，母以道育我，父母行处，我亦行之，所以衣食以养尊，丧葬以报恩。"

例3.280 夫君子居家，则尽心于二亲；居家（朝），竭力于君主。

4. 贞节即坚贞不移的节操。

例1.019《老子》曰："夫有清白之志者，不可以爵禄引也；有贞节操者，不可以威刑胁。"

例2.062 夫受金行秽，非贞士之操；背主行私，岂忠臣之节。

例3.159 夫纯直之士，不曲道以媚时，不跪（诡）行以邀誉。

5. 言行。

例1.104 夫为人之法，目不视恶色，耳不听淫声，口不出恶言，身不为恶业，可谓仁矣。

例2.279 夫小人之立行，遑遑而求财利；君子立行，渐渐而求仁义。

例3.314 为人之法，复入境而问楚（禁），亦入国而问俗，入门而问韩（讳），岂有犯乎？将上堂，声必扬。为人之子，出必辞，返必面。为子之礼，父召无诺，先生召无诺；父命之，手执业则投之，食在口则吐之。未有入室者不由于户，涉水不因于桥船。

6. 交友。

例1.073 夫与君子之游者，如人入兰芷之室，久而弥闻其芳；与小人之交者，如入鲍鱼之肆，久而转闻其臭。

例2.074《管子》曰："夫朋友之道有四：'近则正之，远则称之，乐则思之，患则救之。'"

例3.087 夫君子之交，固于胶柒（漆），牢于金石，穷达不改，毁誉无异也。

7. 处世之道。

例1.024 杨子曰："好众辱人者殃，亲佞（佞）远忠者亡。"
例2.025 又云："多许少与者怨，薄施厚望者仇。"
例3.026 又云："贵而妄（忘）贱者危，阴谋外泄者败。"

此外，还有许多内容涉及"廉""勇""智""慎"伦理道德准则。

三　治国安邦

治国安邦指使国家安定太平，其措施包括德治、法治、牧民、用贤、刑罚等。

1. 德治。

例1.020 太公曰："立国之法，务广地者荒，务广德者强。"
例2.021 又云："有德之君，以乐乐民；无德之君，以乐乐身。乐民者其祚延长，乐身者不久灭亡。"
例3.164 《苏子》曰："夫大水之受浊，能使水清；大德之正邦，能使邦安。"

2. 法治。

例1.128 大有法度之制者，不可改之以作伪；有权衡之秤者，不可欺之以轻重。
例2.139 家有菜蔬，虽饥不饿；国有常法，虽危不亡。
例3.140 《陆子》曰："镜执明，则美恶从之；衡执平，则轻重随之。"

3. 牧民。

例1.030 又云："足寒伤心，民怨伤国。"
例2.031 又云："根枯则枝朽，民困则国亡。"
例3.095 《孟子》曰："善畜禽兽者，必先去豺狼；善养万民者，远除谄佞（佞）。"

4. 用贤。

例1.028 《傅子》曰："安在得贤，危在失士（事）。"

例 2.042 梁王曰："家贫则思良妻，国乱则思良相。"

例 3.316 欲知人病不嗜食，欲知国败不重贤。治国不得大贤，治病不得好药。

5. 刑罚。

例 1.046 《尹文子》曰："刑严则冬雪夏淫，法乱则秋霜春落。伊生被害，甚雾便兴；陆子见诛，大风斯起。"

例 2.208 夫仁者为导政之脂粉，刑者作御世之辔策。

例 3.325 夫以刑求安者，犹逢火止沸；以狱济乱者，以怀冰救寒。

四 鉴诫类

警戒错误的教训，提倡正确的经验。

例 1.004 太公曰："夫危（明）者见危于无形，智者虑祸于未萌。"

例 2.044 夏桀不义，火降帝城；殷辛政乱，棘生王路。

例 3.051 又云："因（周）王据道德之城，谁其敢入；殷帝横仁义之剑，莫与争峰（锋）。"

例 4.080 方言曰："富贵长憍逸，贪欲长怨憎，宜可慎之。"

例 5.103 魏文子曰："甘蔗虽甘，终不可杖；佞（佞）言虽美，卒不可养。"

由上述可知，敦煌写本类书《应机抄》残卷主要抄录了关于事理、劝学、德、忠孝、贞节、言行、交友、处世之道、德治、法治、牧民、用贤、刑罚、鉴诫等方面的要言，以社会伦理道德为主要教育目的，其内容体系与中国古代"修身、齐家、治国、平天下"的道德伦理准则和维护阶级统治的伦理纲常"三纲五常"，即"君为臣纲、父为子纲、夫为妻纲""仁、义、礼、智、信"相符合。本书的思想体系不仅包含儒家的哲学思想，还包含道家的"顺其自然""无为而治"；法家的"废私立公""以法治国"；兵家的"战争战略"，以及

第二章 《应机抄》的性质、内容及成书年代

其他诸子的重要思想。故该书思想杂糅融合，是唐代科举制度和私学教育促进下所产生的具有家训蒙书功用的特殊类书，也是敦煌地区当时社会民间教育与伦理道德的映射。

下文将根据本书援引典籍的情形及其内容反映的主要思想体系，并结合唐代教育制度，来探讨本书成书的主要目的。

唐代科举考试大体有两种类型，即常科和制科。常科，每年定期举行，常设的科目有秀才、明经、俊士、进士、明法、明字、明算、一史、三史、卅元礼、道举、童子等；制科，由皇帝根据需要下诏举行，常设科目有秀才、明经、进士、明法、明字、明算等。因此，唐代科举制度下的教育主要有经学、史学、道学、书学、算学，其中以经学、史学、道学最为重要。经学主要以九经为主，兼通《孝经》《论语》。根据《唐书·选举志》所载，唐代科举以《易》、《书》、《诗》、"三礼"、"三传"取士，诸生依九经文字的多寡，分为大、中、小三经，《礼记》《春秋左氏传》为大经，《诗》《周礼》《仪礼》为中经，《易》《尚书》《春秋公羊传》《谷梁传》为小经。通二经者，大经、小经各一，若中经二；通三经者，大经、中经、小经各一；通五经者，大经皆通，余中经、小经各一，而《孝经》《论语》则须兼通。史学则以《史记》《汉书》《东观汉记》《三国志》《后汉书》为主要内容。道学则以《老子》《庄子》《文子》《列子》为主要内容。而唐代敦煌地区的教育与当时的科举制度相符合，如敦煌文献资料中的《秋胡变义》云：

> 是数千年老仙，洞达九经，明解七略，秋胡即谢，便乃只承三年，得九经通达……服得十帙文书，并是《孝经》《论语》《尚书》《左传》《公羊》《谷梁》《毛诗》《礼记》《庄子》《文选》。[①]

---

① 参见郑阿财、朱凤玉《敦煌蒙书研究》，甘肃教育出版社2002年版，第299—302页。

由此，也可以说明敦煌地区的教育以儒家的九经要言与道家老庄诸书为主，符合当时的教育状况。从《应机抄》残卷的内容来看，其中有 8 则内容援引于经部，33 则内容援引于史部，133 则内容为诸子要言，即该书以诸子文章为主，兼及经、史，这就与唐代"九经三史"之规范不尽相同，故《应机抄》成书的主要目的显然不是为了唐代的科举选拔制度。

儒学在唐代极为兴盛，但唐代统治者在推崇儒学的同时，也重视佛教、道教思想。儒、道、释三教之学，也随着魏晋南北朝长期的交融，至唐代时，界限也被打破而走向融合。另外，佛、道、儒三者的融合，致使儒家教育在一定程度上也积极地吸收佛教、道教思想。当时，许多学者在著书立说之际，编纂了大量作为知识和道德伦理教育所用的通俗读本，其内容涉及儒、释、道三方面的知识，以便于写作时的征事用典，也可以用来教育子孙后代，这也为宋代理学的复兴提供了契机。至于本书援引典籍以子部为重，推究其因，主要是为唐代私学中初级程度的蒙养教育和家学而服务，因为官学以及私学中的中高级程度的经师讲学、书院教学的目的主要是服务科举选拔制度，而蒙养教育和家学的学习范围较为广泛，并不仅限于儒学经典，也学习当时所流行的诸子要言及圣贤文章之粹语。① 且玄宗开元五年，唐政府降低了四门学的入学标准，由原来的"勋官三品以上无封、四品有封及文武七品以上子，或以庶人俊异者"降为"州县学生年二十五以下、八品子若庶人二十一以下，通一经及未通经而聪悟有文辞、史学者，或诸州贡举省试不第而愿意入学者"，这也在一定程度上推动了唐代蒙养教育和家学的发展。② 唐代，随着蒙学的发展与普及，蒙书也由单纯识字教育的字书而发展出现分门别类的蒙书，形成了包括识字教育、思想教育、知识教育等较为完整的体系。郑阿财、朱凤玉的《敦煌蒙书研究》一书，将敦煌遗书中的蒙书材料，依内容性质分为识字类、知识类、德行类三大类，其中

---

① 参见谭宏彦《论唐代的私学教育》，《民办教育研究》2008 年第 2 期。
② （宋）欧阳修等：《新唐书》，中华书局 1975 年版，第 1159—1164 页。

第二章 《应机抄》的性质、内容及成书年代

德行类蒙书主要以儒家思想为主，杂糅佛、道，形成具有现实性与实用性的民间思想，但主要仍以教示童蒙立身、处世之基本伦理道德为依归。① 根据《应机抄》残卷的内容来看，它显然具备了唐代蒙书的一般特性。

由于《应机抄》的编纂体制并不严谨，且无门类之分，从而导致内容较为混乱，显然并非出于官家之手，应出于民间，为私家之作，流通范围较小。该书与摘抄群书要言，以类相从，以资备忘、便于检索而编纂的类书较为相近，且其所援引典籍的情形及其内容所反映的思想体系与唐代统治阶级意志、文教政策、民间教育与伦理道德相符，重在体现敦煌地区当时的社会道德伦理基础教育风尚，又不违背唐代科举教育之现状。由此可知，本书掇摭当时社会流行的诸子之要言与圣贤文章之粹语，便于观览，以供缓急可就而求焉，是唐代敦煌民间传授日常基本知识和学养的蒙学教材或家中长辈劝勉诫励子孙而抄录的家学读物。

第三节 《应机抄》的成书年代

敦煌写本类书《应机抄》一书的编纂者与成书年代，历代史籍均无著录。并且该残卷中无序文和题名，也不能从中得到一些可用的参考信息，这就给我们研究其成书年代带来了极大的困难。王三庆对《应机抄》一书的成书年代做了初步探讨，他认为该书从抄写材料用淡褐色纸张；讳虎、世、民，不讳治字；书迹近于 S.2072 号卷，犹存盛唐遗风，根据此等条件衡量，似非中唐以后抄本。但王三庆对《应机抄》成书年代的考证，只是初步探讨，并无深入的具体分析，显然不足为据。本书拟从《应机抄》残卷的避讳特点、引用典籍的情形等方面对其成书年代进行进一步的考证。

---

① 参见郑阿财、朱凤玉《敦煌蒙书研究》，甘肃教育出版社2002年版，第1—8页。

上篇 研究篇

一 《应机抄》残卷避讳情形分析

避讳,是中国古代历史上一种特有的现象,它持续了数千年,直到清王朝灭亡,才趋于消亡。避,即逃避、回避;讳,即隐讳。陈垣在《史讳举例·序》中对避讳解释是:

> 民国以前,凡文字上不得直书当代君主或所尊之名;倘遇当代君主或所尊之名,必须用其他方法以避之,是之谓避讳。避讳为中国特有之风俗,其俗起于周,成于秦,盛于唐宋,其历史垂二千年,其流弊足以淆乱古文书;然反而利用之,则可以解释古文书之疑滞,辨别古文书之真伪及时代,识者便焉。[①]

《辞源》对避讳的解释是:

> 古人在言谈和书写时要避免君父尊亲的名字。对孔子及帝王之名,众所共讳,称公讳;人子避祖父之名,称家讳。避讳之法,一般或取同义或同音字以代本字,或用原字而省缺笔划。[②]

《辞海》对避讳的解释是:"封建时代对于君主和尊长的名字,避免直接说出或写出,叫做'避讳'。"[③] 由此可见,避讳主要有避国讳、避家讳、避贤讳这三种类型,其常有的方法主要是改字、空字、缺笔等。文字避讳作为一种社会文化现象,充斥于古代各种文史典籍中,是所有文史研究者在接触古籍时不容忽视的问题。一方面,文字避讳对古籍整理和文史研究产生了消极的作用,如文字混乱,影响阅读;淆乱史实,以讹传讹;义理不通,令人费解;材料失真,难以甄

---

① 陈垣:《史讳举例》,台北三民出版社1997年版。
② 《辞源》,商务印书馆1980年版,第3092页。
③ 王新华:《避讳研究》,齐鲁书社2007年版,第1页。

第二章 《应机抄》的性质、内容及成书年代

别等。另一方面,文字避讳对古籍整理和文史研究也产生了积极的作用,如鉴定版本、校勘古籍、辨别伪书等。①

根据《应机抄》残卷的内容来看,本章节所要探讨的是唐代的避国讳。唐代是中国封建社会的大一统时期,各项制度都趋于完善,这一时期的避讳比前朝更加严格,避讳正式进入法律范围,从而使其法典化,并且对于触讳也有了明确的处罚标准,如《唐律疏议·职制》云:

> 诸上书若奏事,误犯宗庙讳者,杖八十;口误及余文书误犯者,笞五十。《疏》议曰:"上书若奏事,皆须避宗庙讳。有误犯者,杖八十;若奏事口误及余文书误犯者,各笞五十……"②

唐代避帝王名讳主要集中于李虎、李昞、高祖李渊、太宗李世民、高宗李治以及玄宗李隆基六人,占唐代避讳用例总数的86%以上。③唐代避讳制度的法典化使避讳几乎浸染了整个社会的人际交往关系,也为我们利用避讳判断敦煌写本时代的早晚提供了便利条件。

古代避讳一直作为文献年代判定的一种重要依据。在敦煌文献的研究中,利用避讳来判断文献抄写年代的文章比比皆是。由于敦煌写本类书《应机抄》是残卷,我们无法以原来完整的篇幅作为研究对象,只能利用现有篇幅的避讳信息,故考察范围相对狭小,易得出不完整的结论。现将《应机抄》残卷中的避讳情况列出以资参考。

1. 针对王三庆《敦煌类书》对《应机抄》残卷年代的判断提出质疑,并对该残卷的成书年代进行初步鉴定。

由表2-1可知,敦煌写本类书《应机抄》残卷不避讳"虎"

---

① 参见卞仁海《古籍整理和文史研究应注意避讳问题》,《漯河职业技术学院学报》2008年第6期。
② (唐)长孙无忌等:《唐律疏议》,中华书局1983年版,第200—201页。
③ 参见王建《中国古代避讳史》,贵州人民出版社2002年版,第131页。

"世""治",避讳"葉""棄",且大多数情况下不避讳"民",故由此得知,该残卷不避太祖、高祖讳,避太宗讳不严格,至高宗以后皆不避讳。这显然与王三庆《敦煌类书》中的"讳虎、世、民,不讳治字"这个结论不尽相同,因此该书对《应机抄》残卷年代判定的结果"犹存盛唐遗风,根据此等条件衡量,似非中唐以后抄本"有待于进一步考证。虽然《应机抄》残卷避太宗讳不太严格,但通过这个现象,可以推定其是唐代或唐代以后的写本,并非唐代以前的写本,这一点是毋庸置疑的。

表2-1　　　　《应机抄》残卷中主要帝王的避讳情况

帝王	讳字	次数①	卷中字形	字形性质	举例	避讳结论
唐太祖	虎	10	(俗写形)	俗写形	猛虎浮河,不如凫雁	不避讳
唐高祖	渊	3	(俗写形)	俗写形	正经为道德之渊海	不避讳
唐太宗	世	18	世	本形	圣主之御世也,莫不广农为业	不避讳
	泄	1	泄	本形	阴谋外泄者败	不避讳
	葉	2	枼	改形避讳	根朽则枼枯	避讳
	棄	5	弃	改形避讳	社匠多弃木	避讳
	民	3	人	改字避讳	君臣不和,则人庶不宁	大多数不避讳
		9	民	俗写形	有德之君,以乐乐民	
唐高宗	治	6	治	本形	事省则易治	不避讳
唐中宗	顯	4	(俗写形)	俗写形	刑生于智,智顯而刑残	不避讳
唐睿宗	旦	1	旦	本形	鸡知将旦,燕知夜半	不避讳
	景	1	景	本形	景纯发奏,宁持美丽为珍	不避讳
	影	10	影	本形	夫影不能为曲物直	不避讳

① 即所避讳的字在卷中出现的次数。

第二章 《应机抄》的性质、内容及成书年代

2. 从《应机抄》残卷避"葉""棄"二字,对其成书年代作进一步推断。

据相关史料记载,避唐太宗名讳的方法是"避太宗讳,世改为代,或为系,从世字改从云,或改从曳。民改为人,或为氏,从民之字改从氏"。①

太宗(627—649)时期,避讳制度不太严格,臣民于君讳可避可不避。

唐太宗李世民登基后,制定和实施了开明的政策,开创了著名的贞观之治,他为了保护文化典籍,避名典籍的废阙,免生讹异,诏令"依礼,二名不偏讳。近代已来,两字兼避,废阙已多,率意而行,有违经典。其官号、人名、公私文籍,有'世民'两字不连续者,并不须讳"。② 太宗时期,六部中的"民部"并未因避讳而改称,"民部"改为"户部"是唐高宗李治即位后,为了表示其孝心和尊崇而改。虽然,太宗出于政治上的目的,并不避讳自己之讳,但臣子为了表示对皇帝的尊敬,在文书中依然避讳"世""民"二字。因此,这一时期的"世""民"二字有因避讳而缺笔的,也有不避讳而直书其本形的。故单独从"世""民"二字的避讳情形,无从判断其成书年代。

唐高宗显庆二年,高宗改"葉"字,《旧唐书》卷四《本纪第四》载:"十二月乙卯,还洛阳宫。庚午,改'昬''葉'字。"③ 自此开始,正式避太宗名讳,改"葉"中"世"从"云"。《应机抄》残卷中"葉",改为,是采用改形的方法来避讳,共出现2次。又有"棄"字,在残卷中作"弃",亦采用改形的方法避太宗讳,共出现5次。对于"棄"字避讳,是改从古文作"弃"这个结论,历代学者皆有论述,如宋代孙奭《律音义》载:"弃,古文棄字,诘利

---

① 陈垣:《史讳举例》,台北三民出版社1997年版,第147页。
② (后晋)刘昫等:《旧唐书》,中华书局1975年版,第77页。
③ 同上。

· 61 ·

切,唐避太宗讳行焉。"① 明代顾炎武在论及唐代国子学石经的避讳时,亦云石经中的"棄作弃"。② 阮元在校勘十三经时,也认为"石经中凡偏旁'世'字者,多改从'云',如'棄'作'弃'"。③ 窦怀永在《唐代俗字避讳试论》一文中,通过大量举例考证认为:"根据字形特点,俗写'棄'字,其避讳情况和'世'字基本相同,可以采用缺笔或改形的方法来规避太宗讳。"④ 由此可见,敦煌写本类书《应机抄》残卷成书时间应当以唐高宗显庆二年(657)十二月十六日为上限。

3. 从"'世'字本体不避太宗讳,而'葉'、'棄'二字却改形避太宗讳"进一步探讨《应机抄》残卷的避讳特点及其成书年代。

唐代,为了尊祖敬宗,七世以内必须避讳死去君主的名字,七世以上者可以不避讳。也就是说,至少在唐高宗至唐玄宗统治期间(650—756),唐代文书特别是中原地区的文书避太宗讳很严格。唐代著名文学家柳宗元(773—819)的作品《捕蛇者说》中"故为之说,以俟夫观人风者得焉"用"人风"来代替"民风",以避太宗之讳。《捕蛇者说》创作于柳宗元被贬为永州司马期间,即805—815年,说明避讳"民"字这种方法,在太宗去世一百多年之后,仍在民间延续。而《应机抄》残卷不避"世"字,大概有两方面的原因:一、该书成书年代确实远离于唐太宗时期,或许到了晚唐五代归义军时期;二、敦煌写本的特殊性所导致。

敦煌地区地处河西走廊西端,远离中原王朝,敦煌写本跨越了从公元5世纪初到公元11世纪初的六百年范围,⑤ 故敦煌写本避讳有其独特之处,与传统文献避讳有所不同。敦煌写本的避讳相对宽松,在

---

① 《唐律疏议》附(宋)孙奭:《律音义》,中华书局1983年版,第606页。
② (明)顾炎武:《金石文字记》,载《文渊阁四库全书》第683册,台北商务印书馆1986年版,第800页。
③ (清)阮元:《十三经注疏》,中华书局1980年版,第1246页。
④ 窦怀永:《唐代俗字避讳试论》,《浙江大学学报》(人文社会科学版)2009年第3期。
⑤ 荣新江:《敦煌学十八讲》,北京大学出版社2001年版,第308页。

第二章 《应机抄》的性质、内容及成书年代

不同历史时期形成不同的特点，一般来说，隋代以前的敦煌写本避讳较为松弛，甚至不避讳；唐代初期，极盛；唐代中后期，敦煌陷蕃后，开始松弛，以不避为多，且从目前已知的吐蕃时期敦煌写本来看，基本上不避唐代皇帝名讳，有避讳的大多是因为照抄以前的旧本或书写习惯使然。避讳自有其时限性，然而《应机抄》残卷中，不避讳"世"，而避讳"葉""棄"，究其原因，大概是因为讳改字，即"葉""棄"改中间之"世"为"云"，在后代经常会由于书写习惯而成为俗字的一种，在一段时间和范围内继续通用。就"葉"而言，敦煌文献的唐代写本中因讳而作"𦺇"，在敦煌文献的宋代写本中也存在，如宋初写本 P.2718《茶酒论一卷并序》中，有"仙人杯觞，菊花竹葉"，原卷"葉"字即写作"𦺇"；在传统文献中，南宋赵构书有《真草千字文》帖，其中有"落葉飘颻"，"葉"字亦写作"𦺇"。① 由此可见，"葉""棄"二字的避讳是因后代书写习惯所造成，再结合敦煌文献不同时期的避讳地点，可知《应机抄》残卷显然不是唐代初期的作品，应该是唐代中后期或其之后的作品。虽然敦煌写本受当地历史地理、社会风俗、政治等方面作用，对敦煌写本的避讳情形产生了一定的影响，也对我们根据避讳字来判断写本的抄写年代造成了一定的困难，但是，它在一定程度上仍然反映了当时历史阶段文献避讳的真实情况，具有一定的普遍性和代表性。

由上述二方面从避讳角度的具体分析可知，敦煌写本类书《应机抄》是中晚唐五代时期的作品，其上限是唐高宗显庆二年（657）十二月十六日。

二 从《应机抄》残卷援引典籍的情形看其成书年代

敦煌写本类书《应机抄》残卷所援引书籍，明引者高达七十种，

---

① 窦怀永、许建平：《敦煌写本的避讳特点及其对传统写本抄写时代判定的参考价值》，《敦煌研究》2004 年第 4 期。

大多是两晋以前的典籍，其中有一部分是不经见的佚籍。据考证，《应机抄》残卷所援引书籍中，年代最晚者是《正典》，《应机抄》残卷第313则《正典》曰："柔胜刚，阴胜阳；舌柔齿刚，舌存齿亡。"关于《正典》的记载，《旧唐书》卷五《本纪第五》云："故符玺郎李延寿撰《正典》一部，辞殚雅正，虽已沦亡，功犹可录，宜赐其家绢五十疋。"① 李延寿，唐代史学家，生卒年待考，贞观年间曾任太子典膳丞、崇贤馆学士。若《应机抄》中《正典》与《旧唐书》所载一致，均为李延寿所撰的话，那本书的成书年代应在公元627年以后。

三 其他方面

从《应机抄》残卷内容方面来看，它与《意林》有密切的关系。《意林》，唐马总编，《四库全书》将其收录子部类。《意林》一书共录魏晋以前诸子七十一家，是现存历代古籍中录晋代以前子书最多的著作。《应机抄》残卷录诸子要言47家，其中与《意林》相同者有27家，由于两者并非完本，否则相同者会更多；而且在《应机抄》残卷383则中，与《意林》中内容相同者，竟然多达72则。② 由此可见《应机抄》与《意林》的内容多有呼应重复，《应机抄》显然受到《意林》之类的影响，以抄录子部书籍为主，在此基础上增添经部、史部的要言而成书。根据唐德宗贞元二年（786）抚州刺史戴叔伦以及唐德宗贞元三年河东柳伯存为《意林》写序，可知《意林》的成书年代为公元786年前后。若《应机抄》是在《意林》的直接影响下而编撰的话，那么其成书年代应在公元786年之后。

从敦煌写本纸张的尺寸、原材料、物理观测及化验结果等方面入手来判断写本的年代也是非常重要的方法。关于敦煌写本纸张方面的研究已涌现出许多高质量的学术成果，如法国学者戴仁的《敦煌纪年

---

① （后晋）刘昫等：《旧唐书》，中华书局1975年版，第105页。
② 参见第四章第二节《应机抄》与《初学记》《意林》《群书治要》比较研究。

第二章 《应机抄》的性质、内容及成书年代

写本纸张研究》《敦煌写本纸张的纤维及其年代》《敦煌写本纸张颜色小考》；潘吉星的《敦煌石室写经纸的研究》；金荣华的《敦煌写卷纸质之考察》；杜伟生的《敦煌遗书用纸概况及浅析》等。但由于笔者手中没有 S.1380 纸张方面的相关数据，只能借助图片浏览卷中文字，故无法从此方面进行判断。

由于资料的限制，本章节主要从《应机抄》残卷的避讳特点入手，再结合其援引典籍的情形来推断其成书年代。当然，将避讳作为断代的主要手段，要受到写本书法、纸张、内容等多种因素的影响，另外，《应机抄》的残损情况也对避讳结论以及抄写年代的推断等带来了较大的困难。因此，本书无法确定《应机抄》成书年代的具体时间，只有一个大概的范围，即从避讳角度的具体分析可知，《应机抄》是中晚唐五代时期的作品，其上限是唐高宗显庆二年（657）十二月十六日；若《应机抄》是在《意林》的影响下而编撰的话，可以进一步推断其成书在公元 786 年之后。

第三章 《应机抄》编撰的社会历史背景

敦煌写本类书《应机抄》残卷是中晚唐五代时期的作品，它主要抄录了关于事理、劝学、德、忠孝、贞节、言行、交友、处世之道、德治、法治、牧民、用贤、刑罚、鉴诫等方面的要言，以社会伦理道德为主要教育目的，其内容体系与中国古代"修身、齐家、治国、平天下"的道德伦理准则和维护阶级统治的伦理纲常"三纲五常"，即"君为臣纲、父为子纲、夫为妻纲""仁、义、礼、智、信"相符合。该书捃摭当时社会流行的诸子之要言与圣贤文章之粹语，便于浏览，以供缓急可就而求焉，是唐代敦煌民间传授日常基本知识和学养的蒙学教材或家中长辈劝勉诫励子孙而抄录的家学读物。那么，在中晚唐五代时期，敦煌地区之所以能出现这样一部由私家编撰的、具有书钞性质的写本类书是基于什么样的社会历史背景？

一 唐代浓厚的教育文化氛围

唐朝是中国历史上国力最强盛的朝代之一，经历了"贞观之治""开元盛世"，向世界各国展示了灿烂辉煌的经济、政治、文化、教育、科学、宗教等。经济的繁荣促进了教育、文化的进步。唐初，政府继续实行均田制和租庸调法，推动了社会生产的发展，造成唐朝经济繁荣的局面。在贞观年代，社会处于经济迅速恢复和发展的阶段，至开元年代，则为唐代经济最为繁荣的阶段，正如《通典》卷七

第三章 《应机抄》编撰的社会历史背景

《食货七》所载：

> 自贞观以后，太宗励精为理。至八年、九年，频至丰稔，米斗四、五钱，马牛布野，外户动则数月不闭。至十五年，米每斗值两钱。……至十三年，封泰山，米斗不至二十文，青齐谷斗至五文。自后天下无贵物，两京米斗不至二十文，面三十二文，绢一匹二百一十文。东至宋、汴，西至岐州，夹路列店肆，待客酒馔丰溢。每店皆有驴，赁客乘，倏忽数十里，谓之驿驴。南诣荆、襄，北至太原、范阳，西至蜀川、凉府，皆有店肆，以供商旅。远适数千里，不持寸刃。①

在经济繁荣的基础上，唐朝的中央教育开始向专门化过渡，将国子监从太常寺中独立出来，成为唐代的最高学府，下设"六学二馆"，六学是指国子学、太学、四门学、律学、书学、算学，隶属国子监，二馆指的是弘文馆、崇文馆。开元年间，还增设广文馆、崇玄馆等多种学校。各级学校都以儒家经典作为必读书目，学习优异者，则被送往吏部参加科举考试。地方上则设置州县学，并把学校教育普及社会的最基层，即各乡各里都要办学，正如《通典》卷五十三《礼十三》所载：

> 贞观五年，太宗数幸国学，遂增筑学舍千二百间。国学、太学、四门亦增生员，其书、算各置博士，凡三千二百六十一员。其屯营飞骑亦给博士，授以经业，无何高句丽、百济、新罗、高昌、吐蕃诸国酋长，亦遣子弟入国学之内八千余人，国学之盛，近古未有……二十六年正月，诏文：古者乡有序，党有塾，将以弘长儒教，诱进学徒，化人成俗，率由于是。其天下州县，每一

---

① （唐）杜佑撰，王文锦等点校：《通典》，中华书局1988年版，第149—152页。

乡之内，里别各置一学，仍择师资，令其教授。①

唐代经济的繁荣与发展，也刺激了私学的发展，特别是寒门庶族地主阶级子弟学习的积极性。为了满足社会对人才的大量需求，唐代学者还编著了较多的蒙童教材，如《蒙求》《兔园册府》《太公家教》《开蒙要训》《咏史诗》等。私学的内容丰富，覆盖面较广，成为唐代文化教育的重要内容。②

由此来看，唐代经济的繁荣发展，教育的普及，为社会培养出大量的知识分子，从而提高了民众的文化素养，丰富了他们的精神生活，进一步形成了对教育的重视。浓厚的教育文化氛围对私家类书的编撰起到很大的指导和推动作用。

二　日渐完善的科举制度

唐朝继承了隋朝的科举制度，并进一步将其完备化，《新唐书》卷四十四《选举志》载：

> 唐制：取士之科，多因隋旧。然其大要有三：由学馆者曰生徒，由州县者曰乡贡，皆升于有司而进退之。其科之目有秀才、有明经、有俊士、有进士、有明法、有明字、有明算、有一史、有三史、有开元礼、有道举、有童子。而明经之别有五经、有三经、有二经、有学究一经、有三礼、有三传、有史科，此岁举之常选也。其天子自诏者曰制举，所以待非常之才焉。③

官学教育与科举选士相结合的模式，在唐代教育中占主要地位。官学教育的机构和课程设置也基本上是为科举服务的。科举考试所选

---

① （唐）杜佑撰，王文锦等点校：《通典》，中华书局1988年版，第1467—1468页。
② 参见涂英《试析唐代教育兴盛发达的原因》，《中华女子学院学报》2000年第2期。
③ （宋）欧阳修等：《新唐书》卷44《选举志》，中华书局1975年版，第1159页。

第三章 《应机抄》编撰的社会历史背景

拔的对象是成年人，而官学教育体系主要是为科举考试培养和输送生员，其招收的对象是相对比较优秀的青少年，因此唐代对童蒙的教育则处于缺失状态，而唐代童蒙教育的任务实际主要由广义上的私学而完成的，即家学、私学、寺学、乡学等。①

科举在选举中的地位不断提高，极大地提升了唐人对童蒙教育的热诚，也带动了整个世风，世人不分士庶、皓首穷经，以科举为业。每年参加礼部省试的明经考生就有三千人，进士上千数，如《韩昌黎文集》第四卷所云：

> 天下之以明二经举于礼部者，岁至三千人……京师之进士以千数，其人靡所不有，吾常折肱焉，其要在详择而固交之。②

由此看来，唐代全民向学庞大的应试需求，直接促使了私学的发展。特别是开元、天宝之中，天下太平，"征文射策，以取禄位"成了人生的最佳选择，于是"父教其子，兄教其弟"，都希望获取功名，光大门第，"资身奉家"，以至于"五尺童子，耻不言文墨"。所以，科举考试极大地促进了士大夫对童蒙教育的重视，士庶之家往往将培养孩子读书、获取功名作为第一要务。③

另外，童子科的设置在促进童蒙教育发展的过程中也起到重要的作用。童子科是唐代岁举之常选的重要科目之一，专门针对少年儿童所设，是科举考试中的一个子科目，《新唐书》卷四十四《选举志》载：

> 凡童子科，十岁以下能通一经及《孝经》、《论语》，卷诵文

---

① 参见金滢坤《唐五代科举制度对童蒙教育的影响》，《浙江师范大学学报》（社会科学版）2012年第1期。
② 马其昶：《韩昌黎文集校注》，上海古籍出版社1984年版，第249—259页。
③ 参见金滢坤《唐五代科举制度对童蒙教育的影响》，《浙江师范大学学报》（社会科学版）2012年第1期。

十,通者予官;通七,予出身。①

宣宗大中十年,中书门下省颁发一条整顿童子科的条令,要求童子能"精熟",并"经旨全通,兼自能书写"。② 由于童子年龄太小,学识有限,很难做到"九经""经旨全通",因此,许多蒙书都对《论语》《孝经》以及"九经"大义、典故进行简明扼要的改编、注解,以方便初学者使用。所以,随着童子科的逐步完善及影响力的日渐扩大,其自然也就影响着童蒙教育的发展。

三 唐五代敦煌地区童蒙教育的普及与繁荣

唐五代敦煌地区的学校教育制度比较完备,初、盛唐时期,敦煌的学校大致有州学、州医学、道学、县学和义学等;吐蕃占领敦煌时期,敦煌的社会、政治、经济、文化都发生了打破固有传统的变异,学校教育也遭到严重的破坏,州县学、私学极有可以遭到取缔的厄运,仅寺学独存;归义军统治时期,其政权大力提倡教育,积极恢复学校教育体系,这时的学校主要有官学(州学、州阴阳学、县学、伎术院学)、义学(乡里坊巷之学及私人学塾)、寺学(莲台寺学、净土寺学、金光明寺学、乾明寺学、龙兴寺学、永安寺学、三界寺学、灵图寺学、大云寺学、显德寺学等)。③

敦煌遗书、敦煌遗画、敦煌石窟中包含着大量关于当时童蒙教育的记载,包括学校、教育内容以及童蒙的读物等。敦煌研究院李正宇先生的《敦煌学郎题记辑注》一文,从敦煌遗书、敦煌遗画和莫高窟题记中共搜集了144条学郎题记,搜自敦煌遗书者139条,搜自敦煌遗画者2条,搜自莫高窟题记者2条;这144条学郎题记中,有朝代年号和确定题年者72条,无年号而有干支纪年者47条,仅有地支纪

---

① (宋)欧阳修等:《新唐书》卷44《选举志》,中华书局1975年版,第1162页。
② (宋)王溥撰:《唐会要》卷77《贡举下》,中华书局1955年版,第1402页。
③ 参见李正宇《唐宋时代的敦煌学校》,《敦煌研究》1986年第1期。

第三章 《应机抄》编撰的社会历史背景

年者6条,全无纪年标志者28条;从这144条学郎题记的学校和题名,可以看出这些学校有官学、私学、寺学和道学;从写卷的内容可以得知,敦煌的童蒙教学内容是儒、释、道三学并重。①

关于敦煌蒙书的研究方面,台湾著名学者郑阿财先生用功甚著,他对敦煌蒙书的认定,主要依据写本内容、性质与功能分析;再据写卷原有序文,以窥知其编撰目的与动机;接着从写本实际流传与抄写情况、抄者身份等进行综合推断。根据上述原则,郑阿财的《敦煌蒙书研究》一书,共叙录了敦煌蒙书25种,凡250件抄本,计分三大类,即(1)识字类有《千字文》《新合六字千文》《开蒙要训》《百家姓》《俗务要名林》《杂集时用要字》《碎金》《白家碎金》《上大夫》等,凡9种,106件抄本;(2)知识类有《杂抄》《孔子备问书》《蒙求》《古贤集》《兔园策府》《九九乘法歌》等,凡6种,34件抄本;(3)德行类有《新集文词九经抄》《文词教林》《百行章》《太公家教》《武王家教》《辩才家教》《新集严父教》《崔氏夫人训女文》、一卷本《王梵志诗》《夫子劝世词》,凡10种,110件抄本。②上述敦煌蒙书的内容思想具有多面性,敦煌蒙书内容除识字类外,主要以儒家伦理道德为依归,其中寺学的蒙书往往含有佛教信仰与思想,如《王梵志诗》;还有既可教授佛门弟子,又可启道教诫世俗童蒙的《辩才家教》;以及杂糅三教之民间思想特质,即"包括九经,罗含内外"的《新集文词九经抄》。

另外,敦煌地区世家大族代代相传的家庭教育也是童蒙教育的重要形式,其家学渊源,对中原文化的传承有突出的贡献。敦煌文书所保存的碑铭赞中,就记载了一些敦煌世家大族的家庭教育情况,如P.4638《大蕃故敦煌郡莫高窟阴处士公修功德记》记载:阴庭诚"前沙州乡贡明经,师经避席传授,次于曾参,师尔凭河,好勇承于子路。拟鹘冠之爪利,至果毅雄;选黄鹦之未调,缓飞乡贡。洋洋百

---

① 参见李正宇《敦煌学郎题记辑注》,《敦煌学辑刊》1987年第1期。
② 郑阿财、朱凤玉:《敦煌蒙书研究》,甘肃教育出版社2002年版,第4页。

卷，易简薄于《籯金》"；① P.2568《南阳张延绶别传》记载：张延绶"博学多闻，尤好诗礼。蕴蓄百家之书，靡不精确。"② 等。

综上所述，敦煌地区的童蒙教育较为发达，且具有独特的特点。在这种学风的带动下，敦煌地区的儒士文人皈依佛门、遁入道观，进而钻研佛理、探究道义者，或道家门人子弟并研佛理者为数甚多，这也为敦煌地区童蒙教材的编撰、童蒙教育的普及和繁荣提供了大量的人才。③ 虽然敦煌写本类书《应机抄》并未被郑阿财先生列入敦煌蒙书一类，但其显然具有蒙书的一般特性，而且其内容主要包含了儒家和道家思想，与上述的德行类蒙书较为接近，故《应机抄》的编撰与敦煌童蒙教育的繁荣发展有千丝万缕的联系。

四　敦煌民众文化心理与维护当地政权统治秩序的需求

《应机抄》的编撰必然与当时敦煌地区的社会变迁息息相关，故我们首先要了解唐代中晚期中原地区和敦煌地区的社会历史背景。唐代，开元前期，社会安定，经济、文化日益发达繁荣。但到开元后期，尤其是天宝年间，阶级矛盾和其他社会矛盾日趋深刻尖锐，终于发生了安史之乱。安史之乱，是唐朝盛衰转变的枢纽，此后，均田制完全破坏，庄园经济加速发展起来，土地兼并现象日趋严重，农民大批失地逃亡；皇权低落，方镇割据从河北、山东发展到内部各地，造成列镇相望的局面，从此唐朝的封建统治日趋没落了。安史之乱以后，朝政益发败坏，地方上方镇跋扈，朝廷中宦官专权，朋党相争，劳动人民如在泥涂炭火，唐朝的中央政权处于摇摇欲坠中。④

唐代初期，敦煌地区的统治并不稳定，时常有当地的官员、士族等举兵反唐，而且敦煌以西、以北地区是突厥汗国的势力范围，以南

---

① 参见郑炳林《敦煌碑铭赞辑释》，甘肃教育出版社1992年版，第238—254页。
② 同上书，第281—284页。
③ 屈直敏：《敦煌写本类书〈励忠节钞〉研究》，民族出版社2007年版，第172页。
④ 韩国磐：《隋唐五代史纲》，人民出版社1977年版，第348—364页。

第三章 《应机抄》编撰的社会历史背景

是吐谷浑的势力范围,以至于武德末、贞观初,唐朝关闭西北关津,禁约百姓,不许出蕃。贞观九年,唐朝出兵青海,击败吐谷浑,使河西走廊不再受外部的干扰,步入稳步发展的轨道。贞观十四年,唐太宗以吐鲁番的高昌王国阻隔丝路北道经焉耆、高昌到敦煌的道路为由,出兵高昌,随后在天山北的今新疆吉木萨尔一带设庭州,又在西州交河县设安西都护府以控制西域。自此到公元 8 世纪末,虽然前期唐朝对西域的控制权有所波动,但敦煌作为唐朝经营西域的基地,①在全国统一、国力蒸蒸日上的大环境下得到充分的发展,唐朝的均田、籍帐制度贯彻到敦煌的每个乡里,在严格的律令制管理体制下,敦煌井然有序,农业生产稳步发展,也成为中西交流的会所,市场上有中原的丝绸、瓷器,有西域的玉石、珍宝,有北方的驼马、毛织品。安史之乱爆发后,驻守河西的唐朝军队都前往中原靖难,这时,吐蕃乘机从青海北上,进攻唐朝领地,先占领陇右,切断了河西与唐朝的联系,并于贞元二年(786)占领敦煌,从此敦煌进入吐蕃统治时期。吐蕃占领敦煌后,按照其本身的制度,把百姓按职业编成若干部落,大力弘扬佛教,致使僧尼增加,减少了劳动人口;按地亩征收地子,按户征收突税,使百姓负担远超唐朝统治时期;收缴民间铁器,影响了农业生产。此时,敦煌当地大族的社会基础虽然没有受到太大影响,但汉人的社会地位要低于吐蕃人,甚至低于吐谷浑和通颊人,因此爆发了玉关驿户起义、氾国忠等深夜杀入沙州子城、吐蕃节儿投火自焚等事件。唐宣宗大中二年(848),敦煌士族张议潮率众起义,赶走吐蕃守将,结束了吐蕃对敦煌的统治,敦煌从此开始了延续

---

① 在唐朝用兵西域和镇守西域过程中,敦煌一直是物资和兵员的供应基地,也有不少敦煌的将士奔赴前线。《沙州都督府图经》卷 3 "张芝墨池",记有开元二年任"游击将军、守右玉钤卫西州蒲昌府折冲都尉、摄本卫中郎将,充于阗守(镇)守使 敦煌郡开国公"的张怀福就是任职西州蒲昌府而镇守于阗镇的敦煌人。据敦煌写本 P. 2625《敦煌名族志》,任职西域的敦煌人还有"游击将军上柱国西州岸头府果毅都尉张端""正议大夫北庭副大都护瀚海军使兼营田支度等使上柱国阴嗣监""昭武校尉庭州咸水镇将上柱国阴嗣宗""壮武将军行西州岸头府折冲兼允豆卢军副使阴守忠"等。

近二百年的归义军时期。归义军统治前期（晚唐），敦煌只是唐朝的一个军镇，独立性十分强，但由于内部矛盾重重、外部不断受到甘州回鹘的侵扰，导致辖境不断缩小、政权更换频繁；归义军统治后期（五代、宋初），敦煌实际上是一个地方王国。① 由此可知，在唐代中晚期和归义军统治时期，随着唐朝对敦煌地区的控制和影响日趋减落，敦煌处在一个久经战乱的历史时期。

（一）吐蕃统治时期

吐蕃统治敦煌的六十余年中，使敦煌与中原王朝隔绝而音信不通，吐蕃统治者在当地又实行异化统治政策，强迫敦煌居民吐蕃化，大兴佛教，定佛教为一尊，使敦煌的传统文化受到了很大的冲击。这段历史现状也记载于敦煌的碑文、墓志铭、邈真赞等中，如 P.4640《吴僧统碑》载：

> 属大漠风烟，阳关路阻，元戎率武，远守敦煌。警候安危，连年匪解，随军久滞，因为敦煌县人也。复遇人经虎噬，地没于蕃。元戎从城下之盟，士卒屈死休之势，时望南冠；类庄象之执珪，人听越音。②

P.4640《阴处士碑》载：

> 属五色庆云，分崩帝里；一条毒气，扇满幽燕。江边乱踏于楚歌，陇上痛闻于豺叫。枭声未殄，路绝河西；燕向幕巢，人倾海外。羁维板籍，已负蕃朝。③

P.2991《报恩吉祥窟记》载：

---

① 参见荣新江《敦煌学十八讲》，北京大学出版社2001年版，第17—25页。
② 参见郑炳林《敦煌碑铭赞辑释》，甘肃教育出版社1992年版，第63—71页。
③ 同上书，第33—38页。

第三章　《应机抄》编撰的社会历史背景

> 时属黎氓失律，河石尘飞，信义分崩，礼乐道废，人情百变，景色千般。呼甲乙而无闻，唤庭门而则诺，时运既此，知后奈何！①

从这些记载得知，吐蕃占领敦煌后，对当地的文化礼教冲击非常严重，以至于出现"时属黎氓失律，河石尘飞，信义分崩，礼乐道废""江边乱踏于楚歌，陇上痛闻于豺叫；枭声未殄，路绝河西；燕向幕巢，人倾海外"的情形，但敦煌当地的一些士族仍然重视儒家文化，并以儒家礼教相标榜，如 P. 4660《张禄邈真赞》云："龙沙豪族，塞表英儒。忠义独立，声播豆卢。仁风早扇，横亮江湖。有德有行，不谓不殊。闺门孝感，朋友言乎。"《张禄邈真赞》咸通十二年（871），张禄曾任河西节度押衙银青光禄大夫检校太子宾客。② P. 4660《阴文通邈真赞》云："美哉仁贤，忠孝自天。门承都护，阀阅晖联；名高玉塞，礼乐双全。"《阴文通邈真赞》大约写于咸通五年（864），阴文通曾任河西节度左马步都押衙银青光禄大夫检校太子宾客兼侍御史。由上述邈真赞可以看出，张禄、阴文通等在吐蕃统治时期和归义军统治时期，其学习和传承的仍然是儒家文化知识和道德伦理，虽然当时敦煌地区的儒家文化在吐蕃统治时期受到严重的破坏，但敦煌世家大族中仍然是儒风传习，礼教不懈。

另外，从吐蕃统治敦煌时期所使用的自编历日，可以看出当时汉民族依然能够在一定程度上保持和延续本民族的生产生活方式和信仰习俗。敦煌遗书 P. 2765《甲寅年历日》就是一件吐蕃统治时期敦煌的自编具注历日，其序义曰：

> 夫为历者，自故（古）常窥（规）。诸州班（颁）下行用，克定四时，并有八节，若论种莳，约（？）□行用，修造

---

① 参见郑炳林《敦煌碑铭赞辑释》，甘肃教育出版社1992年版，第330—333页。
② 同上书，第166—167页。

亦然……①

P.2765《甲寅年历日》中的"自古常规""诸州颁下行用"指的是中原王朝每年颁行正朔的传统,"克定四时""并有八节"指中原王朝"敬授人时"的传统,可见文中带有明显的政治倾向。吐蕃占领河西以后,割断了敦煌与内地之间的联系,一方面中原历无法颁行于敦煌,另一方面吐蕃在敦煌实施吐蕃纪年法,这无疑是一种正朔的改变,对于敦煌汉民族而言,在精神上难免有易代之痛。敦煌地区自编历日的存在和使用,在一定程度上表达了汉族人民对中原王朝的归属意识,这也是儒家政治文化的一个重要体现。

由上述可知,儒家的政治文化和道德伦理维系了当时汉民族的团结,成为汉族人民精神联系的纽带,也是归义军推翻吐蕃统治后,短期恢复中原文化习俗的一个必不可少的重要因素。正如《张淮深变文》所述:

> 尚书授敕已讫,即引天使入开元寺,新拜我玄宗圣容。天使睹往年御座,俨若生前。叹念敦煌虽百年阻汉,没落西戎,尚敬本朝,余留帝像。其于(余)四郡,悉莫能存。又见甘凉瓜肃,雉堞雕残,居人与蕃丑齐肩,衣着岂忘于左衽;独有沙州一郡,人物风华,一同内地。②

由于隋唐以来,受大环境的影响,敦煌历代官员都十分重视文化教育,推崇和倡导儒家文化,兴办大量的学校,重视儒家知识分子,从而导致在敦煌地区的普通百姓心中,儒家的道德伦理已根深蒂固,虽受影响,但基本的信念没有改变。《应机抄》所蕴含的基本知识和学养是儒家的政治、文化、道德伦理等的充分体现,也反映了当时敦

---

① 《法藏敦煌西域文献》第18册,上海古籍出版社2001年版,第129页。
② 王重民等:《敦煌变文集》,人民文学出版社1957年版,第124页。

第三章 《应机抄》编撰的社会历史背景

煌民众的文化心理与需求。

（二）归义军统治时期

唐宣宗大中五年（851），敦煌使者抵达长安，唐朝设立归义军，以张议潮为节度使，兼沙、瓜、甘、肃、伊、西、鄯、河、兰、岷、廓等十一州观察使。① 归义军统治初期，虽然得到各族人民的响应，但仍面临吐蕃在敦煌统治六十年来所遗留下来的一系列复杂社会问题，且敦煌地区外部战乱频繁，如大中五年（851）八月张议潮遣其兄奉表入朝的前夕，鄯、河、岷、廓一带并未收复，仍然是吐蕃边将的混战之地，直到大中十一年（857）九月，吐蕃酋长尚延心方以河、渭二州部落降唐。为了提高在河西各民族中的号召力，从而巩固政权，归义军政权奉唐王朝为正朔，恢复唐制，即重建与唐朝中原地区同样的州县乡里制度、仿照内地的军政体制、设置与中原藩镇同样的文武官吏、恢复了相应的一套唐朝的文书行政制度等，并积极地恢复儒家的思想道德教育，② 正如 S.4276《归义军节度左都押衙安怀恩并管内三军蕃汉百姓一万人奏请表》所述：

> 臣闻五凉旧地，昔自汉家之疆，一道黎民，积受唐风之化，地邻戎虏，倾心向国输忠，境接临蕃，誓报皇德之恩。③

归义军统治时期，对其下属官员的擢奖，也非常重视个人的儒家传统道德伦理的修养。我们从敦煌遗书中保存大量的归义军时期授官的牒义中可以看到，如：

P.4631《宋惠信改官敕》 + P.4632《西汉金山国圣文神武白帝

---

① （后晋）刘昫等：《旧唐书》卷18下《宣宗纪》，中华书局1975年版，第630页；（宋）欧阳修等：《新唐书》卷8《宣宗纪》，中华书局1975年版，第249页；（宋）王溥：《唐会要》卷78《诸使中》，中华书局1955年版，第1433页。
② 参见荣新江《归义军史研究——唐宋时代敦煌历史考索》，上海古籍出版社1996年版，第148—155页。
③ 《英藏敦煌文献》（汉文佛经以外部分）第6卷，四川人民出版社1990年版，第18页。

敕》载：

> 知客务宋惠信，儒门俊骨，晚辈英灵；体备三端，深明六艺。故得文伴掷地，实不异于郑言；武亚穿杨，雄不殊于楚勇。宣知四寇，习□不坠之国仪；去住弥安，瞻支不谬于曲直。遂乃东西奉使，况闻说过甘罗；南北输忠，壮节坚之金石。所以勋效既晓，宜奖功流，负德干材，堪为金擢。宠兹恩渥，唯竭忠诚。后□□□，行当荣美。[后缺]

P.3805《曹议金赐宋员进改补充节度押衙牒》：

> 牒奉 处分，前件官，儒门胜族，晚辈英灵，每事桌然，无幽不察。故得三端备体，怀蕴七德之深机；指矢弯弧，遂验猿悲而雁泣。致使东朝入贡，不辞涉历难岨，亲睹龙颜。公事就成，归西土军前。早年纳效，先锋不顾苦莘；匹马单枪，尘飞处全身直入。念汝多彰雄勇，奖擢荣班。更宜抱节输忠，别乃转迁班次。件补如前，牒举者，故牒。同光三年六月壹日牒。使检校司空兼太保曹议金。

上述两件是曹氏归义军时期的牒文，P.3805《曹议金赐宋员进改补充节度押衙牒》所言的"同光三年"，即公元925年。牒文中对儒家道德伦理的重视非同一般，从"儒门俊骨""三端备体"①"深明六艺""南北输忠""壮节坚之金石""儒门胜族""怀蕴七德"②"不辞涉历难岨"等词语中可以看出其个人的文、武、德、忠孝、贞节、行

---

① 三端，指文士之笔锋，武士之剑锋，辩士之舌锋。（汉）韩婴《韩诗外传》卷7云："鸟之美羽勾啄者、鸟畏之；鱼之侈口垂腴者、鱼畏之；人之利口赡辞者、人畏之。是以君子避三端：避文士之笔端，避武士之锋端，避辩士之舌端。"

② 七德，《春秋左传·宣公十二年》云："夫武，禁暴、戢兵、保大、定功、安民、和众、丰财者也。"

第三章 《应机抄》编撰的社会历史背景

等方面的品行。

《应机抄》是以儒家的德行准则,即"智、信、圣、仁、义、忠;孝、友、睦、姻、任、恤"为主要标准,力图维护"修身、齐家、治国、平天下"的伦理规范,这无疑符合归义军政权统治的需求,也符合敦煌地区百姓的心理和愿望。因此,在中晚唐五代敦煌地区,《应机抄》极有可能被用来当作道德伦理教育读本,通过道德伦理的学习和传播,从而达到建立相对稳定社会秩序的目的。

第四章 《应机抄》所映射出的唐代道德伦理教育

第三章,我们从唐代教育、科举制度的发展、敦煌地区童蒙教育的发展状况、敦煌民众文化心理与维护当地政权统治秩序的需求等方面探讨了《应机抄》成书的社会历史背景。本章节,笔者主要将类书所包含知识体系和道德教育作为考察的重点,以《应机抄》为中心,将其与《初学记》《意林》《群书治要》《新集文词九经抄》《勤读书抄》《文词教林》进行比较研究,进一步探讨该书在维护唐代道德伦理方面所起到的作用。

第一节 子部典籍的价值

历代统治者都注重图书典籍的收集和编撰,因为它记载了精微之道与圣哲之事,可用来经划天地,纬理阴阳,端正纪纲,弘扬道德,彰明仁爱则足以济世救人,隐藏功用则足以独善其身。正如《隋书·经籍志》所述:

> 夫经籍也者,机神之妙旨,圣哲之能事,所以经天地,纬阴阳,正纪纲,弘道德,显仁足以利物,藏用足以独善,学之者将殖焉,不学者将落焉。大业崇之,则成钦明之德;匹夫克念,则有王公之重。其王者之所以树风声,流显号,美教化,移风俗,

第四章 《应机抄》所映射出的唐代道德伦理教育

何莫由乎斯道？故曰："其为人也，温柔敦厚，《诗》教也；疏通知远，《书》教也；广博易良，《乐》教也；洁静精微，《易》教也；恭俭庄敬，《礼》教也；属辞比事，《春秋》教也。"①

中国古代学者常将图书典籍划分为经、史、子、集四部，四部体制的确定较好地解决了繁复的古籍分类问题，也可以使读者一目了然地分清各部的功用和价值，即"夫仁义礼智，所以治国也；方技数术，所以治身也；诸子为经籍之鼓吹，文章乃政化之黼黻，皆为治之具也"②。

敦煌写本类书《应机抄》残卷抄录的主要范围是经部、史部、子部典籍，且以子部为重。子部典籍反映了中国古代各学术思想流派的哲学观，包含了丰富而深刻的思想认识。春秋战国时期，社会政治、经济和文化发生急剧变化，即周天子大权旁落，诸侯乘时坐大，纷纷自立为王，否定周天子一统天下的绝对权威，各自为政，诸侯各国有自己的疆域、户口、军队、法制、外交等独立的制度与活动；经济上井田制崩溃，私田增多，土地买卖关系出现，铁器取代青铜器，手工业有了长足发展，商业活动频繁；从社会结构而言，旧的奴隶主贵族开始衰落，新兴地主阶级不断壮大，要求变革，并为此大造舆论，极力宣传鼓吹维新思想；政治上争夺盟主霸权，军事上要求开疆辟土，政治、经济上的巨大变革必然反映为思想上的空前活跃。西周所建立的一套完整的礼乐制度走向崩坏，主流意识已得不到社会的完全认同，各种标新立异的思想应运而生，儒、法、道、墨等思想流派纷纷著书立说，宣扬自己的学说和主张，都想将自己的主张售之于君王，在治国安邦上发挥决定作用，甚至成为全社会的主流意识。③ 正是这种情形促使中国当时的学术思想处于"百家争鸣"的局面，对后世产

---

① （唐）魏征等撰：《隋书》卷32《经籍志一》，中华书局1973年版，第903页。
② 同上书，第909页。
③ 参见高绍先《春秋战国时期的论辩文化·前言》，法律出版社2010年版。

生深远的影响,因此,后世将这些思想流派的代表人物称为"子",其书称为"子书",这就是子部典籍的起源。

受当时条件的限制,诸子书籍的保存与流传显得极为困难。自从哲人孔子去世,其弟子散在四方,微言大义或绝灭失传,或乖违本旨,战国纵横家的话,无人能分出其中的真假,诸子的学说,纷乱不清。秦代,始皇嬴政焚书坑儒,致使先秦大量文献古籍被付之一炬,给中国文化造成了重大的损失。汉代,刘歆总括群书,撮取旨要,写成《七略》:《集略》《六艺略》《诸子略》《诗赋略》《兵书略》《术数略》《方技略》,共三万三千零九十卷。王莽末年,这些图书都被焚烧。汉明帝、章帝时,校书郎班固等人将聚集的图书按《七略》分类,并加以编排,撰《汉书·艺文志》。但董卓之乱后,两京大乱,这些图书全部损坏亡佚净尽。曹魏时期,魏秘书郎郑默在《中经》的基础上,编著了《新簿》,分四大类来总揽群书,其中第二类叫乙部,又分为古代诸子家、近世子家、兵书、兵家、术数等小类。晋惠帝、怀帝年间发生内乱,京城颠覆,朝廷所收藏的典籍荡然无存。① 因此,自汉代起,民间有许多博学之士也致力于诸子书籍的保存和抄录,从而弥补了官方收集的阙漏,而且许多皇家馆阁不载之书也常赖此得以存世流传,但其摘章寻句的撰述方式往往不为世人重视,所以至现代,这种著作存世较少,而其内容却能补其他书籍之阙佚,凸显了其重要的价值。本文所研究的《应机抄》正是这样一部书籍。

据考证,《隋志》杂家始录此类著作,皆为南北朝时学者所撰,如未题撰著者姓名的《杂事钞》二十四卷、《杂书钞》四十四卷、庾仲容《子钞》三十卷、沈约《子钞》十五卷、殷仲堪《论集》八十六卷、缪十《皇览》一百二十卷、崔安《帝王要集》三十卷;《旧唐志》亦载孟仪《子林》三十卷、魏征等撰《群书治要》五十卷;此外,《唐志》类书类还有欧阳询《艺文类聚》一百卷、虞世南《北堂

---

① (唐)魏征等撰:《隋书》卷32《经籍志一》,中华书局1973年版,第903—909页。

第四章 《应机抄》所映射出的唐代道德伦理教育

书钞》一百七十三卷、徐坚《初学记》三十卷等，这些都是类似的著作，但能完整保留至今的已寥寥无几。[①] 这些著作以齐家治国、明德修身为教诫，宣扬儒家的道德伦理观念，为现实政治秩序的稳定提供必要的典范。

第二节 《应机抄》与《初学记》《意林》《群书治要》比较研究

唐代主要有四大类书，即欧阳询奉敕编撰的《艺文类聚》、徐坚等著《初学记》、虞世南撰《北堂书钞》、白居易撰《白孔六帖》。在这四部类书中，《初学记》编撰的较为精良，虽然博不及《艺文类聚》，但精则胜之，比之《北堂书钞》和《白孔六帖》，则远远胜出。[②] 由此看来，《初学记》是唐代类书的代表之作，它在唐代的教育体系中起着不可估量的作用，是唐代文人在诗歌词赋方面进行学习的基础性的工具书类型的教材。本书选择《应机抄》与《初学记》进行比较研究，则更能体现出唐代道德伦理教育之普及和其巨大的影响力。《初学记》的内容广而丰富，包括自然界和人世间的所有知识，因此，作为私家之作的《应机抄》不可能与其相提并论。但在《初学记》这个广博的知识体系下，必然有涉及社会伦理道德方面的内容，本章节仅就其这方面的内容与《应机抄》进行比较研究。

而在唐代所出现的辑录古籍精要之语或典章旧制而成书的著作中，与《应机抄》体制相似的，以魏征的《群书治要》、马总的《意林》最具代表性，故本书将《应机抄》与《初学记》的相关部类、《群书治要》《意林》进行比较，进一步探索敦煌写本类书所独具的

[①] （唐）马总撰，王天海译注：《意林全译·前言》，贵州人民出版社1997年版，第1—2页。

[②] （清）永瑢等撰《四库全书总目》载："其叙事虽杂取群书，而次第若相连属……在唐人类书中，博不及《艺文类聚》，而精胜之，若《北堂书钞》及《六帖》，则出此书下远矣。"（中华书局1965年版，第1143页）

· 83 ·

上篇　研究篇

一些特征，以窥唐代在道德伦理教育方面的建构。

一　与《初学记》之比较

《初学记》，共三十卷，唐徐坚等奉敕撰，该书取材于群经诸子、历代诗赋及唐初诸家作品，保存了很多古代典籍的零篇单句。此书是唐玄宗为了方便诸子学习文章、诗赋，引用典故、检查事对而编撰，《大唐新语·卷九》载：

> 玄宗谓张说曰："儿子等欲学缀文，须检事及看文体。《御览》之辈，部帙既大，寻讨稍难。卿与诸学士撰集要事并要文，以类相从，务取省便。令儿子等易见成就也。"说与徐坚、韦述等编此进上，诏以《初学记》为名。①

上文对《初学记》的编撰、命名以及其与一般类书的区别，都做了具体说明。而福建右修职郎、建阳县丞、福唐人刘本为《初学记》所作的序文对其编撰目的阐述得更加清楚明了，《初学记·序》云：

> 圣人在上而经制明，圣人在下而述作备，经制之明，述作之备，皆本于天地之道。圣人体天地之道，成天地之文，出道以为文，因文以驾道。达而在上，举而措之，其见于刑。名度数之间者，礼乐之文，所以明经制也。穷而在下，卷而怀之，其藏于编籍简册之间者，诗书之文，所以备述作也。礼乐之文，炳若丹青，诗书之文，润于金石，非吾圣人直为事炳炳琅琅者，以夸耀于千万世人也。由是以载其道，而济千万世人者也。《传》曰："经天纬地之谓文，圣人措斯文于礼乐，以化成于天下者，莫若乎文王。"故曰："周监于二代，郁郁乎文哉，乃若文王，则可谓

---

① （唐）刘肃：《大唐新语》，中华书局1984年版，第137页。

第四章 《应机抄》所映射出的唐代道德伦理教育

之文也已矣。"圣人藏斯文于诗书,以化成于后世者,宜莫若乎孔子,故曰:"天之未丧斯文也,乃若孔子,则可谓之文者已矣。"礼乐之文,随世而存亡,不见其大全,惟是诗书垂世,焕乎其可观者,皆贯道之器,非特雕章缋句以治聋俗之耳目者也。学者不问古人之文,为贯道之器,诵其诗,读其书,往往猎取其新奇壮丽,以驾其道德途说入乎其出乎口者,发为一切之文。自许高风逸气,可以跨越乎古今,峻峰激流,可以咣骇乎观德。谓天地造化之功,皆在其笔端,而圣人之用心处为尽在此矣。所谓郁郁之文,可以明经制,未丧斯文,可以备述作。当年天下,异时来世,所赖以济者,未尝过而问焉,可胜惜哉。尝谓人生而不学,与无生同;学而不能文,与不学同;能文而不载乎道,与无文同,文之不可以已也如此。是以近世有摘六经诸子百家之言而记之,凡三十卷,开卷而上下千数百年之事,皆在其目前,可用以骈四偶六,协律谐吕,为今人之文,以载古人之道,真学者之初基也。愚愿学者撼此以成文,因文以贯道,祈至于文王孔子之用心处而后止,毋为猎取其新奇壮丽之语,雕章缋句以治聋俗之耳目焉,乃善学者也。①

由《初学记》的序文可知,其最终目的是"由是以载其道,而济千万世人者也""化成于天下""化成于后世",该书摘取六经诸子百家之言,故开卷就可以知道上下千数百年之事,也是学习骈文和协律的基础教材。

《初学记》三十卷,共分为二十五部:天部、岁时部、地部、州郡部、帝王部、中宫部、储宫部、帝戚部、职官部、礼部、乐部、人部、政理部、文部、武部、道释部、居处部、器物部、服馔部、宝器部(花草附)、果木部、兽部、鸟部、鳞介部、虫部。本章节主要探

---

① (唐)徐坚等:《初学记·序》,中华书局1962年版,第1—2页。

讨的是《初学记》中的"人部",其"人部"分为三卷:第十七卷人部上、第十八卷人部中、第十九卷人部下,共有20个子目,分别是:圣、贤、忠、孝、友悌、恭敬、聪敏;师、交友、讽谏、贵、富、贫、离别;美丈夫、美夫人、丑人、长人、短人、奴婢。① 由《初学记·人部》的子目可以看出,在《初学记》所勾勒的宏伟世界中,作为社会主体的人,其行为规范必须遵循"圣、贤、忠、孝、友、智、德、信、义"等社会道德准则,这恰恰与《应机抄》残卷所抄录的有关"事理、劝学、德、忠孝、贞节、言行、交友、处世之道、德治、法治、牧民、用贤、刑罚、鉴诫"等方面的要言相符合,共同体现出:在当时的社会秩序下,儒学是正统,而儒家的道德伦理是根本。

另外,从类书所辑录的典籍中,可以在一定程度上看出编者怎样的主导思想。由于《初学记》的篇幅较长,本文仅以《初学记》第十七卷《人部上》为例,来查看其对历代典籍的收录情况。《初学记》第十七卷《人部上》援引书籍如下。

经部:《礼记》17则、《左传》13则、《论语》13则、《尚书》6则、《易》6则、《孝经》2则、《大戴礼》4则。

史部:《史记》6则、《周书》2则、《魏志》3则、《蜀志》3则、《续汉书》3则。

子部:《老子》2则、《庄子》8则、《列子》2则、《文子》4则、《家语》4则、《六韬》1则、《管子》2则、《韩诗外传》3则、《孙卿子》2则、《说苑》6则、《河图》2则、《尸子》2则、《士纬》3则、《道论》1则、《五经钩沉》2则、《论检》1则、《五行论》1则、《圣人优劣论》2则、《列子》2则、《淮南子》1则、《辨圣论》1则、《新论》1则、《黄石公三略》1则、《吕氏春秋》4则、《孙子》2则、《西京杂记》1则、《法训》1则、《刘向新序》2则、《语

---

① (唐)徐坚等:《初学记·目录》,中华书局1962年版,第3—9页。

第四章 《应机抄》所映射出的唐代道德伦理教育

林》2则等。

由于《应机抄》所援引的集部书籍很少,故在此就不将《初学记·人部上》所援引的集部书籍一一列出。据上述统计可知,《初学记·人部上》援引经部书籍61则,史部书籍17则,子部书籍65则,其中以子部最多、经部次之而史部则最少。又从第一章写卷引书研究篇"表1-2 据写卷内容考证所得"可知,《应机抄》所援引的书籍有:经部8则、史部33则、子部133则、集部2则,共计176则。通过《初学记·人部上》与《应机抄》援引书籍的对比,我们可以看出:两者对子部书籍都非常重视,不同的是,《初学记·人部上》在注重子部书籍的同时,兼顾经部书籍,以弘扬儒学为要义,在对材料的选取上更偏重儒家典籍,而《应机抄》对诸子的态度,即兼容并收、批判继承,讲究博而要;并且两者作为不同社会阶层的教育读本,都以儒家的传统道德伦理观念为基础,阐述了当时社会人们应该遵循什么样的道德伦理准则和行为规范。

二 与《意林》之比较

《意林》,唐马总编。《新唐书·艺文志》《宋史·艺文志》著录为二卷。明代正统年间刊印的道家丛书《道藏》中收录唐代马总所撰《意林》五卷,是保存至今最早的刊本。本书所据为民国中华书局据学津讨原本校刊的四部备要本。《意林》作为一本诸子书籍的辑录著作,虽然其所录周秦至魏晋诸家杂记的只言片语,但含有丰富的治道之术和道德伦理观念,如推究事理,帮助人们提高认识能力;注重修身,提倡人们遵从忠恕之道和三纲五常;标榜君子的言行、品德、情操,使社会形成良好的道德风尚;揭露阴暗,讽刺坏人坏事,批评不良现象,使人引以为戒。①

《意林》一书共六卷,卷一:《鬻子》一卷、《太公金匮》二卷、

---

① 王昌东:《论〈意林〉的教育意义及其时代价值》,《赤峰学院学报》(汉文哲学社会科学版)2007年第6期。

《太公六韬》六卷、《曾子》二卷、《晏子》八卷、《子思子》七卷、《孟子》十四卷、《管子》十八卷、《道德经》二卷、《荀卿子》十二卷、《鲁连子》五卷、《文子》十二卷、《邓析子》一卷、《范子》十二卷、《胡非子》一卷、《墨子》十六卷、《缠子》一卷、《随巢子》一卷、《尸子》二十卷、《韩非子》二十卷。卷二：《列子》八卷、《庄子》十卷、《鹖冠子》三卷、《王孙子》一卷、《申子》三卷、《慎子》十二卷、《燕丹子》三卷、《鬼谷子》五卷、《尹文子》二卷、《公孙文子》一卷、《陆贾新书》二卷、《晁错新书》三卷、《贾谊新书》八卷、《吕氏春秋》二十六卷、《淮南子》二十二卷。卷三：《盐铁论》十卷、《说苑》二十卷、《新序》三十卷、《法言》十五卷、《太玄经》十卷、《新论》十七卷、《论衡》二十七卷、《正论》五卷、《潜夫论》十卷。卷四：《风俗通》三十一卷、《商君书》四卷、《阮子》四卷、《正部》十卷、《士纬》十卷、《通语》八卷、《抱朴子》四十卷。卷五：《周生烈子》五卷、《荀悦申鉴》五卷、《仲长统昌言》十卷、《典论》五卷、《魏子》十卷、《人物志》三卷、《任子》十卷、《笃论》四卷、《体论》四卷、《傅子》一百二十卷、《物理论》十六卷、《太元经》十四卷、《化清经》十卷、《邹子》一卷、《成败志》三卷、《古今通论》三卷、《中论》六卷、《唐子》十卷、《秦子》二卷、《梅子》一卷。卷六：《万机论》八卷、《法训》八卷、《五教》五卷、《钟子刍荛》五卷、《典语》十卷、《默记》三卷、《新言》五卷、《正书》二十五卷、《正论》十九卷、《苏子》十八卷、《世要》十卷、《陆子》十卷、《干子》十卷、《新论》十卷、《析言》十卷、《幽求子》二十卷。与马总同时代的戴叔伦为该书作序云：

> 三圣相师，大易光著，天地之功立矣，经传之功生焉。辅成一德谓之六学，汉收秦业其道方兴，置讲习训授之官，明君臣父子之体。虽礼乐文缺，亦足以兴忠孝仁义之大纲，至如曾孔荀孟

第四章 《应机抄》所映射出的唐代道德伦理教育

之述□。盖数百千家皆发挥隐微羽翼风教,祖儒、尊道、持法、正名、纵横立权变,通其要崇俭而有别,即□而得序,傍行而不流小说,去泥而篇简繁伙,罕备于士大夫之家。有梁颍川庾仲容略其要会为《子书抄》三十卷,将以广搜采异,而立言之本。或不求大理评事。扶风马总元会家有子史,幼而集录,探其旨趣,意必有归,遂增损庾书,详择前体,裁成三轴目曰意林,上以防守教之失,中以补比事之阙,下以佐属文之绪。有疏通广博洁净符信之要,无僻放拘刻谶蔽邪荡之患。君子曰:以少为贵者,其是之谓乎!余元会之执友。故序而记之。①

由上文可知,《意林》是在《子钞》的基础上加以增损而成,该书淳正广博、要言不烦、以少为贵,用以防范主持政教者的失误、排比史实的阙失、帮助写诗属文。在目录编排上遵照《子钞》,大体上按时代的先后顺序编排,卷一全为先秦诸子,卷二、卷三、卷四主要是先秦与两汉诸子,卷五、卷六主要是三国时期及魏晋时期诸子。《子钞》录诸子107家,且此书早已亡佚,仅存书目。《意林》一书录诸子七十一家,皆为晋以前子书,是现存历代古籍中录晋以前子书最多的著作,由此可见其珍贵的价值。又据第一章"表1-1 明引书籍"可知,《应机抄》残卷录诸子要言47家,其中与《意林》相同者有27家,由于两者并非完本,否则相同者会更多。《意林》所录有儒、道、法、兵、农、杂、小说诸家,还有占卜、历法、天文等,涉及三教九流,范围极广。从《意林》一书内容来看,其援引书籍最多的是《抱朴子》与《淮南子》,《抱朴子》四十卷、《淮南子》二十二卷,每家均在百则以上。录入注文最多的是《道德经》与《庄子》,可见作者对老庄道家思想极为推崇,也反映了唐代民间对道家思想的重视程度。又据第一章写卷引书研究篇"表1-2 据写卷内

---

① (唐)马总:《意林·序》,四部备要本。

容考证所得"可知，《应机抄》残卷援引书籍中亦以《庄子》《抱朴子》居多，《庄子》24则、《抱朴子》15则，仅此两家就占可确考引书中的将近四分之一，另外还有许多不确考引书者。由此可见，《老子》《庄子》《抱朴子》《淮南子》在唐代的影响及《应机抄》与《意林》的作者对道家思想的重视。

《应机抄》与《意林》所援引的书籍，许多已亡佚；而没有亡佚的书籍，大多与今本不同。据不完全统计，从本书中的明引书籍表可知，《应机抄》残卷所存诸子要言47家，而《意林》现存诸子要言71家，二者相同者有27家。由于二者皆残阙，无法进一步进行考察。详审《应机抄》一书，部分集有格言、警句之内容，其颇多与《意林》相同，既可彼此对校勘订，更可看出唐代通俗读物之共性。现就《应机抄》所援引书籍的内容与《意林》相同者，列表4-1，以明其编辑的根据。

由表4-1可知，在《应机抄》残卷383则中，与《意林》中内容相同者，竟然多达72则，可见《应机抄》与《意林》关系之密切，两者多有互应重复，《应机抄》显然受到《意林》之类的影响，以抄录子部书籍为主，在此基础上增添经部、史部的要言而成书。《应机抄》与《意林》的比较，一方面可以看出唐代对子部书籍，尤其是对《老子》《庄子》《抱朴子》《淮南子》等书的重视；另一方面《应机抄》作为唐代敦煌民间的通俗类读物，其思想体系与唐代民间教育、伦理道德观念相符。

表4-1 《意林》与《应机抄》援引书籍内容相同者的基本情况

《意林》援引的书籍名称	则数	《应机抄》援引的书籍名称	则数
《庄子》	4	《通语》	1
《韩非子》	4	《谯子法训》	2
《淮南子》	2	《周生烈子》	1
《墨子》	2	《物理论》	6

第四章 《应机抄》所映射出的唐代道德伦理教育

续表

《意林》援引的书籍名称	则数	《应机抄》援引的书籍名称	则数
《荀子》	1	《傅子》	1
《文子》	5	《曾子》	2
《管子》	3	《尸子》	1
《慎子》	2	《唐子》	1
《论衡》	1	《义记》	2
《风俗通》	2	《诸葛子》	1
《新论》	2	《典语》	2
《抱朴子》	8	《成败志》	1
《太公金匮》	1	《阮子》	2
《子思子》	1	《贾谊新书》	2
《潜夫论》	5	《顾子新言》	1
《典论》	1	《干子》	1
《政论》	1		

附《应机抄》所援引内容与《意林》相同者。

1.122 太公曰："道自微而生，祸自微而成。"

按：《意林》卷一引《太公金匮》云："道自微而生，祸自微而成，慎终与始完如金城。"

2.123 蓬生麻中，不扶自直；白沙投泥，不染自黑。

按：《意林》卷 引《曾子》云："蓬生麻中，不扶自直，白沙在泥，与之皆黑"。

3.073 夫与君子之游者，如人入兰芷之室，久而弥闻其芳；与小人之交者，如入鲍鱼之肆，久而转闻其臭。

按：《意林》卷一引《曾子》云："君子之游，苾乎如入兰芷之室，久而不闻，则与之化矣；小人之游，戏乎如入鲍鱼之室，久而不闻，则亦化矣；故君子慎其去就也。"

4.124 夫国有道，以义卒身；国无道，以身卒义。

按：《意林》卷一引《子思子》云："国有道，以义率身；无道，以身率义；荀息是也。"

5.127 夫仓廪实知礼节，衣食足知荣辱。

按：《意林》卷一引《管子》云："仓库实知礼节，国多财远者来，衣食足知荣辱。"

6.193 又云："纵盗饮酒，非息恶之源；绝缨加赐，非防邪之萌。"

按：《意林》卷六引《诸葛子》云："纵盗饮酒，非剪恶之法；绝缨加赐，非防邪之萌。"

7.128 夫有法度之制者，不可改之以作伪；有权衡之秤者，不可欺之以轻重。

按：《意林》卷一引《管子》云："先王治国威不两措，政不二门，有法度之制者，不可巧以诈伪；有权衡之称者，不可欺以轻重；有寻尺之数者，不可差以短长也。"

8.008 夫一夫不耕，则非无饥喂之虑；一妇不织，则交有寒冻之忧。

按：《意林》卷一引《管子》云："农有常业，女有常事。一农不耕，民有饥者；一女不织，民有寒者。"

9.347《孙卿子》曰："与人善言，煖于布帛；与人恶言，深于矛戟；赠人以言，重于金石珠玉；观人以言，美于黼黻文章；听人以言，乐于钟鼓琴瑟。"

按：《意林》卷一引《荀子》云："与人善言，煖若锦帛；与人恶言，深于矛戟。"

10.《文子》曰："使信士分财，不如採（探）筹；使廉士守舍，不如闭户。"

按：《意林》卷一引《文子》云："使信士分财，不如探筹；使廉士守财，不如闭户全封，有心于平不如无心之不平。"

第四章 《应机抄》所映射出的唐代道德伦理教育

11. 053《析言》曰:"铎以声自毁,烛以明自销。"

按:《意林》卷一引《文子》云:"铎以声自毁,烛以明自煎。"

12. 132 夫人性欲本静而嗜欲害之;河水欲清而沙土秽之。

按:《意林》卷一引《文子》云:"日月欲明,浮云翳之,河水欲清,沙土秽之。丛兰欲茂,秋风败之。人性欲平,嗜欲害之。"

13. 133 子张曰:"金石有声,不触不鸣;箫管有音,不吹不吟。"

按:《意林》卷一引《文子》云:"金石有声,不扣不鸣;箫管有声,不吹不声。"

14. 134《世语》曰:"兽穷则触,鸟穷则啄。"

按:《意林》卷一引《文子》云:"兽穷则触,鸟穷则啄,人穷则诈。"《意林》卷二引《淮南子》云:"鸟穷则啄,兽穷则触,人穷则诈。峻刑严法不可以禁奸。"

15. 135《墨子》曰:"战虽有阵,勇为本;丧虽有礼,哀为原。"

按:《意林》卷一引《墨子》云:"君子虽有学,行为本焉;战虽有陈,勇为本焉;丧虽有礼,哀为本焉。"

16. 136 又云:"君子服美则益敬,小人服美则益骄。"

按:《意林》卷一引《墨子》云:"君子服美则益敬,小人服美则益骄。"

17. 137《尸子》曰:"虎豹之驹,虽未成文,而有食羊之意;鸣鹄之雏,虽羽未备,而有四海之心。"

按:《意林》卷一引《尸子》云:"虎豹之驹未成文,而有食牛之气;鸿鹄之鷇羽翼未合,而有四海之心。"

18. 139 家有菜蔬,虽饥不饿;国有常法,虽危不亡。

按:《意林》卷一引《韩子》云:"家有常业,虽饥不饿;国有常法,虽危不亡。若舍法从私意,则臣下饰其智能;饰其智能,则法禁不立矣。"

19. 142《胡非子》曰:"夫水之为性,溺者饮之则死,渴者饮之则活。"

按：《意林》卷一引《韩子》云："譬之如水，溺者饮之则死，渴者饮之则生。"

20. 351《韩子》曰："目短于自见，故以镜观面；身短于自知，故以道正己。面失镜，则无以正鬓眉；人失道，则无以知迷惑。"

按：《意林》卷一引《韩子》云："古之人目短于自见，故以镜观面；身短于自知，故以道正己。失镜无以正鬓眉；失道无以知迷惑。"

21. 144《善政》曰："西门豹性急，佩韦以自缓；董安于心缓，佩弦以自急。"

按：《意林》卷一引《韩子》云："西门豹性急，佩韦以自缓；董安于心缓，佩弦以自急。"

22. 143 夫小人以身殉利，士以身殉名。

按：《意林》卷二引《庄子》云："小人则以身殉利，士则以身殉名，大夫则以身殉家，圣人则以身殉天下，此数者事业不同，殉身一也。"

23. 308 又云："视可见者，形与色；听可闻者，响与声。"

按：《意林》卷二引《庄子》云："视而可见者，形与色；听而可闻者，名与声。"

24. 145 古人云："直木先伐，甘井先竭。"

按：《意林》卷二引《庄子》云："直木先伐，甘井先竭。"

25. 292 夫好面誉人者，亦好背毁人。

按：《意林》卷二引《庄子》云："好面与人者，亦好背而毁之也。"

26. 353《慎子》曰："有权衡者，不可欺以轻重；有尺寸者，不可差之短长；有法度者，不可巧以诈伪。"

按：《意林》卷二引《慎子》云："有权衡者，不可欺以轻重；有尺寸者，不可差以长短；有法度者，不可巧以诈伪。"

27. 271 夫廊庙之材非一木之枝，帝王之功非一士之智。

第四章 《应机抄》所映射出的唐代道德伦理教育

按：《意林》卷二引《慎子》云："廊庙之材非一木之枝，狐白之裘非一狐之腋。"

28.149 夫寒则利短褐，饥者嗜糟糠。

按：《意林》卷二引贾谊《新书》云："寒者利裋褐，饥者甘糟糠。"

29.364 班彪曰："与善人居，不能不为善，犹生长于齐，不能不齐言；与恶人居，不能不为恶，犹生长于楚，不能不楚语。"

按：《意林》卷二引贾谊《新书》云："与正人居，不能无正人也，犹生长于楚，不能无楚语。"

30.151 夫君子示（不）我（乘）人之利，不迫人之险。

按：《意林》卷二引《淮南子》云："叔向云：'不乘人之利，不迫人之险。'"

31.152 夫百川异源，皆求归于海为家；百家殊业，皆求之于活（治）。

按：《意林》卷二引《淮南子》云："百川异源，皆归于海；百家异业，皆务于治。"

32.223 桓谭《新论》曰："人闻长安乐，则出门西向而笑；人知味甘，则向屠者而哨（嚼），何所益乎？"

按：《意林》卷三引桓谭《新论》云："关东里语云：'人闻长安乐，则出门西向而笑；知肉味美，对屠门而嚼。'"

33.224 夫举纲持纲，万目皆张；振裘提领，万目自整。

按：《意林》卷三引桓谭《新论》云："举网以纲，千目皆张；振裘持领，万毛自整。治大国者亦当如此。"

34.225 《论衡》曰："夫采宝者，必破石而收玉；选士者，必弃恶而取善。"

按：《意林》卷三引《论衡》云："采玉者破石取玉，选士者弃恶取善。"

35.159 夫纯直之士，不曲道以媚时，不跪（诡）行以邀誉。

按：《意林》卷三引《政论》云："夫贞一之士，不曲道以媚时，不诡行以邀名。"

36. 彦（谚）曰："一犬吠刑（形），众犬吠声。"

按：《意林》卷三引《潜夫论》云："一犬吠形，百犬吠声。世之疾此。固已久矣。"

37. 315 又云："曲木恶直绳，负罪怨明证。直绳者曲木之所憎，公平者奸匿之所恶。"

按：《意林》卷三引《潜夫论》云："谚曰：'曲木恶直绳，重罚恶明证。'"

38. 316 欲知人病不嗜食，欲知国败不重贤。治国不得大贤，治病不得好药。

按：《意林》卷三引《潜夫论》云："欲知人将病不嗜食，欲知国将亡不嗜贤也。人非无嘉饥，病不能食，至于死。国非无贤人，君不能用，故速亡。理世不得真贤，犹治病不得真药。"

39. 160 凡与富贵者交，上有禄誉之响，下有财货之益；与贫贱交，大有赈恤之费，小有假欲之损。

按：《意林》卷三引《潜夫论》云："与富贵交者，上有称举之用，下有货财之益。与贫贱交者，大有赈贷之费，小有假借之损。"

40. 318 夫富贵举动易为 宜 ，贫贱举动难为适。 徐 行谓之饥虚，疾行谓之逃责。

按：《意林》卷三引《潜夫论》云："故富贵易为容，贫贱难得适。好服谓之奢僭，恶衣谓之困陋，徐行谓之饥馁，疾行谓之逃责。"

41. 161 应劭曰："百里不同风，千里不相俗。"

按：《意林》卷四引《风俗通》云："百里不同风，千里不同俗。"

42. 222 《汉书》云："直如弦，死道边；曲如钓（钩），返（反）封侯。"

按：《意林》卷四引《风俗通》云："桓帝世谣言：'直如弦，死

第四章 《应机抄》所映射出的唐代道德伦理教育

道边；曲如钩，反封侯。'"

43.338《院（阮）子》曰："君子暇预则思道义，小人暇预则思商利。"

按：《意林》卷四引《阮子》云："君子暇豫则思义，小人暇豫则思邪。"

44.215 夫高鸟相木而集，智士择君而士（仕）。寻木起于牙（萌）蘖，洪波出于涓流。

按：《意林》卷四引《阮子》云："高鸟相木而集，智士择士而翔。"

45.216《魏志》曰："质胜文，石建也；文胜质，葵（蔡）邕也；文质彬彬，然其唯徐幹呼？"

按：《意林》卷四引《通语》曰："才贵精，学贵讲。质胜文石建，文胜质蔡邕。文质彬彬，徐干庶几也。"

46.340 又云："清醑芳醴，则乱人性；红华嘉质，则伐人命。"

按：《意林》卷四引《抱朴子》云："清醑芳醴，乱性者也；红华素质，伐命者也。"

47.214《神仙传》曰："入渊不湿，践刃不伤者，道术之士也。"

按：《意林》卷四引《抱朴子》云："学道术乃令变形易貌，吞刀吐火，坐在立亡，兴云起雾，召致蛇虫，聚合鱼鳖，入渊不溺，蹴刃不伤。"

48.208 大仁者为导政之脂粉，刑者作御世之箠策。

按：《意林》卷四引《抱朴子》云："仁者，政之脂粉；刑者，世之箠策。"

49.182 又云："明镜举则倾冠现，华光 照 则曲影彰。"

按：《意林》卷四引《抱朴子》云："明镜举则倾冠见，羲和照则曲影觉。"

50.040《抱朴子》曰："识珍者拾浊水之明珠，别（赏）气者采砂薮之芳蕙。"

按：《意林》卷四引《抱朴子》云："识珍者必拾浊水之明珠，赏气者必将秽薮之芳蕙。"

51. 211 古人云："君子者盘桓如山峙，小人者蓬飞似浮荷。"

按：《意林》卷四引《抱朴子》云："智大者，盘桓以山峙；器小者，蓬飞而萍浮。"

52. 212《才府》曰："文王之接吕望，桑阴不移；立（玄）德之见孔明，暑影未徙。伯偕识绝音之相于烟烬之余，平子列（别）逸响之声未用之所者，作御世之瞽策。"

按：《意林》卷四引《抱朴子》云："文王之接吕望，桑阴未移，而知其可师矣；玄德之见孔明，暑影未改，而腹心已委矣。"又云："伯喈识绝音之器于烟烬之余，平子别逸响之竹于未用之前。"

53. 179 又云："去似收雷，可见而不可追；住似丘山，可瞻而不可动。"

按：《意林》卷四引《抱朴子》云："夫良将刚则法天，可望而不可干。柔则象渊，可观而不可入。去如收电，可见而不可追；住如丘山，可观而不可动。"

54. 354 周生烈曰："让一得百，争十失九。"

按：《意林》卷五引《周生烈子》云："矜赏若春，重罚若秋；行礼若火，流教若水。让一得百，争十失九。"

55. 356 魏文侯曰："法者，主之柄；吏者，人之命。法欲简而明，吏欲公而平。"

按：《意林》卷五引《典论》云："法者，主之柄；吏者，民之命。法欲简而明，吏欲公而平。"

56. 100 谚曰：黄金累千，不如一贤。

按：《意林》卷五引《傅子》云："黄金累千，不如一贤。"

57. 181 夫水性虽流，不导不通；人性虽智，不学则不达。

按：《意林》卷五引《成败志》云："水性虽能流，不导则不通；人性虽能智达，不教则不达。学犹植也，不学将落。"

第四章 《应机抄》所映射出的唐代道德伦理教育

58.180《唐子》曰:"目短于自见,故以镜视之;心短于自治,故以礼约之。"

按:《意林》卷五引《唐子》曰:"古人目短于自见,故以镜观形;心短于自治,故以礼自防。"

59.176 夫天之为岁也,必先春而后夏;国之为道也,必先赏而后罚。

按:《意林》卷五引《物理论》曰:"天地成岁也,先春而后秋;仁君之治也,先礼而后刑。"

60.173《说苑》曰:"匡衡以善诗为宰相,张禹以善论为帝师,岂非儒学之荣乎?"

按:《意林》卷五引《物理论》曰:"傅子曰:'学以道达荣,不以位显。'或云:'匡衡以善诗至宰相,张禹以善论作帝师,岂非儒学之荣乎?'"

61.175《新语》曰:"刑(形)之正,不求影之直;声之平,不求响之和。"

按:《意林》卷五引《物理论》曰:"形之正,不求影之直而影自直;声之平,不求响之和而响自和;德之崇,不求名之远而名自远。"

62.220 夫见虎一毛,讵知其斑;尝食一糁,宁识其味。若必待北崐之玉为宝者,则荆山无夜光之美;若必须南海之珠而为珍者,则随侯无明月之称。

按:《意林》卷五《物理论》引《傅子》云:"必得崐山之玉而后宝,则荆璞无夜光之美;必须南国之珠而后珍,则随侯无明月之称。"

63.170 又云:"构大厦者,先择匠而后简材;治国者,先择士而后定民。"

按:《意林》卷五引《物理论》曰:"构大厦者先择匠而后简材,治国家者先择佐而后定民。"

上篇　研究篇

64.321 仁者闻一善言，见一善事，急急行之，唯恐不及；又闻一恶言，见一恶事，战战避之，唯恐不远（速）。

按：《意林》卷五引《物理论》云："闻一善言，见一善事，行之唯恐不及；闻一恶言，见一恶行，远之唯恐不速。"

65.162 夫有财不济贫者，非有财也；有位不举能者，非有位也。

按：《意林》卷六引《法训》云："有财不济交，非有财也；有位不举能，非有位也。"

66.163 夫相增者，能称无辜之毁；相爱者，能饰无财之誉。

按：《意林》卷六引《法训》云："相憎者，能生无辜之毁；相爱者，能饰无实之誉。"

67.067 刑罚者，小人之防；礼乐者，君子之仪。

按：《意林》卷六引《新言》云："刑者，小人之防；礼者，君子之稔。佞人之入，虽燃膏莫见其清也。"

68.062 夫受金行秽，非贞士之操；背主行私，岂忠臣之节。

按：《意林》卷六引《典语》云："荣辱所以化君子，赏罚所以御小人。受金行秽，非贞士之操；背主事仇，非忠臣之节。唯高帝用陈平，齐桓有管仲耳。"

69.327 绊骐骥之足，则武步之间不能发其蹈；断鸿雁之翮，令尺寸之中不能奋其羽。

按：《意林》卷六引《典语》云："绊骐骥之足，虽跬步不能发；断鸿鹄之翮，虽寻常不能奋。"

70.201 夫世人之立行也，若使势弱于己，则虎步而陵之；势强于己，则鼠行而事之。

按：《意林》卷六引《干子》云："势弱于己，则虎步而凌之；势强于己，则鼠行而事之。此奸雄之才也，亦且小人。"

71.195 《顾子》曰："假十方之目以视者，则四海之色可见；借六合之耳以听者，则八表之音可叶（闻）。"

第四章 《应机抄》所映射出的唐代道德伦理教育

按：《意林》卷六引《义记》云："假天下之目以视，则四海豪末可见；借六合之耳以听，则八表之音可闻。"

72.186 夫游女见人乐之，自谓胜于西施；桀纣见人尊之，自谓贤于汤禹。

按：《意林》卷六引《义记》云："夫游女见人乐之，则自谓逾于西施；桀纣见人尊之，则自谓过于禹汤。"

三 与《群书治要》之比较

《群书治要》是中国古代第一部按经、史、子分类的类书，是唐初著名谏官魏征及虞世南、褚遂良等受命于唐太宗李世民，整理历代帝王治国资政史料，撷六经、四史、诸子百家中，有关修身、齐家、治国、平天下之精要，汇编成书。该书内容，上始五帝，下讫晋代，自一万四千多部、八万九千多卷古籍中，博采典籍六十五种，共五十余万言。

贞观初年，唐朝内外政局逐渐稳定下来，鉴于前隋灭亡之失，太宗深知创业不易，收成维艰，鼓励群臣进谏，于是君臣之间关于治国方略的讨论非常活跃。魏征向太宗建议"偃武修文，中国既安，四夷自服"，[①] 太宗欣然采纳，主要采取了尊崇儒术、兼隆佛道、兴办学校、制礼作乐、广收图籍、编纂史书等措施，推行数年，成果显著。太宗特别重视"学问"和"读书"，《贞观政要·悔过》云：

> 贞观二年，太宗谓房玄龄曰："为人大须学问。朕往为群凶未定，东西征讨，躬亲戎事，不暇读书。比来四海安静，身处殿堂，不能自持书卷，使人读而听之。君臣父子，政教之道，共在书内。古人云：'不学，墙面，莅事惟烦。'不徒言也。却思少小时行事，大觉非也。"[②]

---

① （北宋）司马光等撰：《资治通鉴》卷193，中华书局1956年版，第6085页。
② （唐）吴兢撰：《贞观政要》，上海古籍出版社1978年版，第205页。

上篇　研究篇

《群书治要》就是在这种背景下编纂而成,太宗对其评价甚高,并将此书赐太子诸王各一本,见《大唐新语》卷九《著述》载:

> 朕少尚威武,不精学业,先王之道,茫若涉海。览所撰书,博而且要,见所未见,闻所未闻,使朕致治稽古,临事不惑,其为劳也,不亦大哉!①

《群书治要》一书博采经、史、子典籍共六十七种,其中经部11种,有《周易》《尚书》《毛诗》《春秋左氏传》《礼记》《周礼》《周书》《国语》《韩诗外传》《孝经》《论语》;史部8种,有《史记》《吴越春秋》《汉书》《后汉书》《魏志》《蜀志》《吴志》《晋书》;子部48种,有《孔子家语》《六韬》《阴谋》《鬻子》《管子》《晏子》《司马法》《孙子兵法》《老子》《鹖冠子》《列子》《墨子》《文子》《曾子》《吴子》《商君子》《尸子》《申子》《孟子》《慎子》《尹文子》《庄子》《尉缭子》《孙卿子》《吕氏春秋》《韩子》《三略》《新语》《贾子》《淮南子》《盐铁论》《新序》《说苑》《桓子新论》《潜夫论》《崔寔政论》《昌言》《申鉴》《中论》《典论》《刘廙政论》《蒋子万机论》《政要论》《体论》《典语》《傅子》《袁子正书》《抱朴子》。其序文如下:

> 窃惟载籍之兴,其来尚矣。左史右史,记事记言,皆所以昭德塞违,劝善惩恶。故作而可纪,薰风扬乎百代;动而不法,炯戒垂乎千祀。是以历观前圣,抚运膺期,莫不懔乎御朽,自强不息,朝乾夕惕,义在兹乎。近古皇王,时有撰述,并皆包括天地,牢笼群有,竞采浮艳之词,争驰迂诞之说,骋末学之传闻,饰雕虫之小技,流荡忘反,殊涂同致。虽辩周万物,愈失司契之

---

① (唐)刘肃撰,许德楠、李鼎霞点校:《大唐新语》,中华书局1984年版,第133页。

第四章 《应机抄》所映射出的唐代道德伦理教育

源,术总百端,弥乖得一之旨。皇上以天纵之多才,运生知之睿思,性与道合,动妙几神。元德潜通,化前王之所未化;损己利物,行列圣所不能行。瀚海龙庭之野,并为郡国;扶桑若木之域,咸袭缨冕。天地成平,外内禔福,犹且为而不恃,虽休勿休,俯协尧舜,式遵稽古。不察貌乎止水,将取鉴乎哲人。以为六籍纷纶,百家踳驳。穷理尽性,则劳而少功;周览汎观,则博而寡要。故爰命臣等,采摭群书,翦截浮放,光昭训典,圣思所存,务乎政术,缀叙人略,咸发神衷,雅致钩深,规摹宏远,网罗政体,事非一日。若乃钦明之后,屈己以救时,无道之君,乐身以亡国,或临难而知惧,在危而获安,或得志而骄居,业成以致败者,莫不备其得失,以著为君之难。其委质策名,立功树惠,贞心直道,亡躯殉国,身殒百年之中,声驰千载之后,或大奸巨猾,转日回天,社鼠城狐,反白作黑,忠良由其放逐,邦国因以危亡者,咸亦述其终始,以显为臣不易。其立德立言,作训垂范,为纲为纪,经天纬地,金声玉振,腾实飞英,雅论徽猷,嘉言美事,可以宏奖名教,崇太平之基者,固亦片善不遗,将以丕显皇极。至於母仪嫔则,懿后良妃,参徽猷于十乱,著深诫于辞辇,或倾城哲妇,亡国艳妻,候晨鸡以先鸣,待举烽而后笑者,时有所存,以备劝戒。爰自六经,讫乎诸子,上始古帝,下尽晋年,凡为五表,合五十卷。本求治要,故以治要为名。但皇览遍略,随方类聚,名目互显,首尾淆乱,文义断绝,寻究为难。今之所撰,异乎先作,总立新名,各全旧体,欲令见本知末,原始要终,并弃彼春华,采兹秋实。一书之内,牙角无遗;一事之中,羽毛咸尽。用之当今,足以殷鉴前古;传之来叶,可以贻厥孙谋。引而申之,触类而长。盖亦言之者无罪,闻之者足以戒。庶宏兹九德,简而易从;观彼百王,不疾而速。崇巍巍之盛业,开荡荡之王道。可久可大之功,并天地之贞观;日用日新之德，将金镜以长悬矣。其目录次第，编之如左。①

由序文可知，《群书治要》以寻求治国理政为主要目的，删除典籍中无关紧要的内容，辑录有关经世治国的要言，可以作为处理解决现今事情的一面镜子，从而避免过失，以快速取得治国的成效，奠定王朝的基业，开创道德仁义治国大道，也可以流传至后世供子孙后代吸取经验教训，正如魏征在序文中所言，是一部"用之当今，足以殷鉴前古；传之来叶，可以贻厥孙谋"的治世宝典。

从《群书治要》全书的内容来看，其大体可以分为两类，一是历史的实例；二是有关国家治理、道德伦理方面的言语。

《群书治要》卷十一《史记上》至卷三十《晋书下》这二十卷援引的是史部典籍，主要有《史记》《吴越春秋》《汉书》《后汉书》《魏志》《蜀志》《吴志》《晋书》，再加上其所援引的经部和子部典籍中多取历史人物的事迹，可知《群书治要》充分反映了贞观时期君臣"以史为鉴"的态度和决心。首先，《群书治要》卷二《尚书》和卷十一《史记上》主要记载黄帝、颛顼、帝喾、尧、舜、禹、汤、秦朝皇帝的略传，卷四到卷六《左传》、卷八《国语》、卷十二《史记下》主要记载春秋战国时期各国君主和名人的嘉言懿行。《群书治要》通过如此的采选，简略而系统地构成中国古代历史的行程，同时着重探讨历代帝王的兴亡得失。其次，《群书治要》一书特别重视汉代史，卷十三《汉书一》至卷二十四《后汉书四》共十二卷，几乎占全书的四分之一。唐太宗也曾高度评价荀悦的《汉纪》，见《贞观治要·纳谏》云：

> 贞观三年，李大亮为凉州都督。……太宗下书曰："以卿兼资文武……今赐卿金壶瓶、金碗各一枚，虽无千镒之重，是朕自

---

① （唐）魏征：《群书治要》，商务印书馆1936年版，第1—2页。

第四章 《应机抄》所映射出的唐代道德伦理教育

用之物,卿立志方直,竭节至公,处职当官,每副所委,方大任使,以申重寄。公事之闲,宜观典籍。兼赐卿荀悦《汉纪》一部,此书叙致简要,论议深博,极为政之体,尽君臣之义,今以赐卿,宜加寻阅。"①

《汉纪》是中国第一部编年断代体史书,其所用的史料绝大多数来自《汉书》。《群书治要》关于汉代部分的内容可以算是简明扼要的列传,除去所缺的卷十三《汉书一》和卷二十《汉书八》,其余的十卷节录了《汉书》五十六人、《后汉忆书》九十人,总共是一百四十六个汉人传记。《群书治要》中有关《三国志》和《晋书》部的内容也是以列传为主,其中《魏志》四十八人、《蜀志》十二人、《吴志》二十三人、《晋书》二十二人,从某种意义来说可以是《贞观政要·任贤》之先声,为唐太宗提供甄别贤臣的标准。

《群书治要》一书摘录经部 11 种、子部 48 种,子部收录儒家 17 种、道家 6 种、法家 7 种、名家 1 种、墨家 1 种、杂家 9 种、兵家 6 种,其中儒家典籍占三分之一稍多的比重,由此可以看出《群书治要》对诸子的态度,即兼容并收、批判继承。②《群书治要》一书对诸子的态度与司马谈《论六家之要指》中的言语和《隋书·经籍志》对子部的总结较为相似。

《史记》卷一百三十《太史公自序》云:

> 太史公仕于建元元封之间,愍学者之不达其意而师悖,乃论六家之要指曰:"易大传:'天下一致而百虑,同归而殊涂。'夫阴阳、儒、墨、名、法、道德,此务为治者也,直所从言之异路,有省不省耳。尝窃观阴阳之术,大祥而众忌讳,使人拘而多所畏;然其序四时之大顺,不可失也。儒者博而寡要,劳而少

---

① (唐)吴兢撰:《贞观政要》,上海古籍出版社 1978 年版,第 59 页。
② 金光一:《〈群书治要〉研究》,博士学位论文,复旦大学,2010 年。

功，是以其事难尽从；然其序君臣父子之礼，列夫妇长幼之别，不可易也。墨者俭而难遵，是以其事不可徧循；然其强本节用，不可废也。法家严而少恩；然其正君臣上下之分，不可改矣。名家使人俭而善失真；然其正名实，不可不察也。道家使人精神专一，动合无形，赡足万物。其为术也，因阴阳之大顺，采儒墨之善，撮名法之要，与时迁移，应物变化，立俗施事，无所不宜，指约而易操，事少而功多。儒者则不然。以为人主天下之仪表也，主倡而臣和，主先而臣随。如此则主劳而臣逸。至于大道之要，去健羡，绌聪明，释此而任术。夫神大用则竭，形大劳则敝。形神骚动，欲与天地长久，非所闻也。"①

《隋书·经籍志》云：

> 凡诸子，合八百五十三部，六千四百三十七卷。《易》曰："天下同归而殊途，一致而百虑。"儒、道、小说，圣人之教也，而有所偏。兵及医方，圣人之政也，所施各异。世之治也，列在众职，下至衰乱，官失其守。或以其业游说诸侯，各崇所习，分镳并骛。若使总而不遗，折之中道，亦可以兴化致治者矣。②

由上述可知，《论六家之要指》和《隋书·经籍志》认为：针对各家学说，应根据历史发展的实际，总结春秋战国以来的统治经验，与时迁移，应物变化，兼收各家之长，并将各家的长处有机结合起来，使各家之善成为自己思想体系不可缺少的一部分。如此一来，便建构起了一个开放性的、有着多种思想内涵的、具有很大包容性的灵活而又实用的思想体系，用这种思想体系来指导实践便无所不宜。也

---

① （汉）司马迁撰：《史记》，中华书局1999年版，第2485—2486页。
② （唐）魏征等撰：《隋书》卷34《经籍志三》，中华书局1973年版，第1050—1051页。

第四章 《应机抄》所映射出的唐代道德伦理教育

正是因为这样，道家、黄老之学才在汉初以来长盛不衰。虽然到西汉中期，随着儒学独尊地位的确立，道家、黄老之学开始走向衰落，但其思想要旨却又被儒家全面吸收到自己的思想体系中而继续发挥作用。又从《群书治要》序中的"以为六籍纷纶，百家踳駮。穷理尽性，则劳而少功；周览汎观，则博而寡要"可知，其不分诸子，讲究"博而要"，这也是《群书治要》子部最为主要的特点，与《论六家之要指》和《隋书·经籍志》的思想相符合。

《群书治要》作为一部经典的官修类书，其思想内容及撰述体制在唐代以及后世产生了深远的影响。现将敦煌写本类书《应机抄》残卷与《群书治要》进行比较，从而进一步了解《应机抄》的价值。在体制方面，《应机抄》全书没有分类，较为混乱，是一种介于书钞与类书之间过渡性的作品，而《群书治要》在辑录典籍时，一律保持原书的体例，以类编排，便于读者掌握事情的性相、理事、因果，是标准的类书体制。在性质内容方面，两者都有劝勉诫励子孙后代，以吸取经验教训方面的内容，但《群书治要》更偏重于经世治国方面，而《应机抄》则偏重于敦煌民间教育与伦理道德方面。在援引书籍方面，《应机抄》残卷与《群书治要》所援引书籍相同者有 38 种，辑录范围皆为经部、史部、子部，且以子部为重。由此可见，《应机抄》与《群书治要》在援引书籍的情形和性质内容方面有颇多相似之处。

《群书治要》与《意林》作为唐代官修和私修类书的代表之作，对后世产生了深远的影响，上文将《应机抄》残卷与两者进行比较，可知敦煌写本类书《应机抄》在体制、性质、内容等方面与《意林》《群书治要》都有一些相似之处，但无法与《意林》《群书治要》相提并论，其必然存在巨大的差距，因为《应机抄》只是敦煌地区民间一部私人编撰的蒙学教材，其成书目的在于劝勉诫励子孙而传授日常基本知识和学养，再加上人力、物力等各方面的限制，其显然不可能尽善尽美。然而，特别值得我们注意的是，《初学记》《群书治要》《意林》《应机抄》都不拘于门户之见，收录了大量子部典籍中的言语，用以勤学修身、慎行齐家、立德行政、安邦治国等，可以作为封建社会中不同等级的社会阶层的日常道德伦理教育读本。由此，我们也可以看出，"事理、劝学、德、忠孝、贞节、言行、交友、处世之道、德治、法治、牧民、用贤、刑罚、鉴诫"等作为社会伦理道德教育的内容，在统治者和学者的大力宣扬和提倡下，通过自上而下的道德教育，是人们必须遵循的准则，在教化世人和维护政治秩序的稳定方面起到重要的作用。

第三节 《应机抄》与《勤读书抄》《新集文词九经抄》《文词教林》比较研究

儒学在汉代获得了国家意识形态的独尊地位，但由于汉代统治者过于关注现实政治，忽略政治理想的传统，影响了汉代儒学的提升与进步，使汉代儒学不可避免地日益沦为经院化、教条化、世俗化，且高高在上，具有脱离社会实际等严重弊端，以致成为阴阳五行神话和谶纬迷信政治的积极鼓吹者，成为必须依赖统治阶级，缺乏独立思考精神的政治婢女。[①] 为了解决儒学危机，使儒家学说能以整体的、统一的思想方式为唐朝大一统的封建政治服务，唐初统治者在总结历史教训和重新认识儒学的价值、意义之后，决心重树儒家政治思想的统治地位，在教育领域建立崇圣尊儒的文教政策，其主要表现在对孔子地位的确立、颁行《五经正义》于天下和崇圣尊儒教育思想的确立上。当时的知识分子为了强化和复述这种思想观念和经典知识，编纂了大量以识字、道德伦理、常用知识为主要内容的通俗读物，如《千字文》《六字千文》《开蒙要训》《蒙求》《古贤集》《兔园策府》《孔子备问书》《太公家教》《武王家教》《新集严父教》《辩才家教》《杂抄》《新集文词九经抄》《勤读书抄》《励忠节钞》《文词教林》

[①] 参见陈学凯《汉代儒学的关注与局限》，《南开学报》（哲学社会科学版）2011年第4期。

第四章 《应机抄》所映射出的唐代道德伦理教育

等。这些通俗读物的共同特征是以凸显儒家道德伦理的忠孝仁义、诚信礼智、尊贤尚能、勤学修身、齐家治国等立身处世的道理和行为规范为宗旨。在这些通俗读物中，就其体制、性质、内容而言，《应机抄》与《勤读书抄》《新集文词九经抄》《文词教林》关系最为密切。

一 与《勤读书抄》之比较

《勤读书抄》，敦煌遗书中现存 P.2607 一卷，共七十三行，载录十六则勤学事类，每则之间有空格断开，每行字数十到二十不等，因其卷首题有"勤读书抄示颙等"，故王重民《敦煌古籍叙录》、黄永武《敦煌宝藏》、王三庆《敦煌类书》等将其著录为《勤读书抄》。①王三庆《敦煌类书》对敦煌写本类书《勤读书抄》残卷作了辑录和校笺，并进行了叙录，其提要如下：

> 存 P.2607 号一卷，作者未详。本卷起"《勤读书抄》示颙等"，讫"又曰：路温舒少牧放羊欲"，其后残缺未完，共四纸七十三行，载录十六则勤学事类，据首行标题，可以推知作者读书之余，录示后辈有关勤学事类，资以劝勉诫励，故知本卷并非严谨类书，而是专类书钞。王重民以为"盖随手箚记，以示其子孙者也。卷中基字缺笔，似犹出于中唐人之手。所引有《论语疏义》……之类，望而知为博雅之士，与俗子不同"。盖亦近之。所示者"颙等"，名号不全，无可稽考；出示对象不限一人。引书凡有《论语》皇侃疏、《庄子》、《晋书》、《抱朴子》、《风俗通》、《史记》、《汉书》各一条，《后汉书》二条，唯其引《颜氏家训·勉学篇》多独多，今人考校《家训》，每多援用校勘，足见其价值。②

---

① 参见屈直敏《敦煌古钞〈勤读书抄〉校注》，《敦煌学辑刊》1999 年第 2 期。
② 王三庆：《敦煌类书》，高雄丽文文化事业股份有限公司 1993 年版，第 85 页。

上篇　研究篇

由上文提要可知，《勤读书抄》是一部抄撮类集诸典中有关勤学之嘉言懿行，排比而成的书钞性质的类书。《勤读书抄》在体例上与《应机抄》相同，门目子类未立，文中内容每则皆以书名或人名冠首，如《论语》、魏朝李琰之、《庄子》、《晋书》、墨子等，内容上成言与叙事并重。在体制上，两者并非严谨的类书，都是具有家训蒙书及书钞类书性质的蒙学类书。在内容方面，《勤读书抄》残卷中的十六则全为抄撮诸典籍中有关勤学之嘉言懿行，而《应机抄》则较前者更为全面，以社会伦理道德为主要教育目的，内容包含事理、劝学、德、忠孝、贞节、言行、交友、处世之道、德治、法治、牧民、用贤、刑罚、鉴诫等方面的要言。关于作者方面，《勤读书抄》《应机抄》与其他中国传统民间的通俗读物一样，大多作者未详，这是中国通俗读物的共同特性，又由于其在民间普遍流行，至历代均有增减改编，且大多并非出于名家之手，因此作者的姓名多不易确认，也难以考定。至于成书年代，《勤读书抄》卷中"基"字缺笔，讳"民"作"人"，王重民认为"似犹出于中唐人之手"（《敦煌古籍叙录·子部上》），此说颇为确当。① 关于援引书籍情形方面，《勤读书抄》与《应机抄》相似，《勤读书抄》残卷引《论语》《魏书》《庄子》《晋书》《抱朴子》《风俗通》《墨子》《史记》《汉书》各一则，《后汉书》二则、《颜氏家训》五则，共十六则内容，其中经部一则、史部六则、子部九则，由此可见《勤读书抄》所援引书籍涉及经、史、子部，且以子部为重，由于《勤读书抄》并非完本，我们只能从这十六则内容中粗略地推断出以上信息，而且这些信息并不十分准确。

通过《应机抄》与《勤读书抄》在体例、体制、性质、内容、引书等方面的比较，我们可以看出敦煌通俗读物的一些共同特征：（一）编者及成书年代大多未详，只能通过文中的避讳特点、引用典籍的情形等推断其大致年代。（二）误引情形较多，《应机抄》中的

---

① 屈直敏：《敦煌古钞〈勤读书抄〉校注》，《敦煌学辑刊》1999年第2期。

第四章 《应机抄》所映射出的唐代道德伦理教育

误引举例见上文"第一章写卷引书研究",《勤读书抄》中的误引情形如第 15 则,《汉书》曰:"孙敬性好学,常闭户读书不息,苦患睡,乃以绳系头,悬著屋梁,时亦号曰:'闭户先生'。"注:"《汉书》",疑误,当作《后汉书》,考范晔《后汉书》无载,汪文台辑谢承《后汉书》卷八有载。周天游《八家后汉书辑注》认为汪误辑,当入佚书以俟考。(三)内容性质方面,大多以教育为目的,与识字教育方面相关的,如《千字文》《开蒙要训》《百家姓》等;与知识教育方面相关的,如《蒙求》《古贤集》《杂抄》等;与德行教育方面相关的,如《应机抄》《勤读书抄》《新集文词九经抄》《太公家教》等。(四)援引书籍方面,由于敦煌通俗读物在敦煌地区民间较为流行,其成书目的并非为了科举选拔制度,故引经部书籍较少,引子部、史部书籍较多。(五)全书分类不标准,或门目子类未立,由于敦煌通俗读物大多出于私家之手,随兴式和无条理的摆置事文之编制方式较为常见。

二 与《新集文词九经抄》之比较

《新集文词九经抄》是唐五代时期广泛流行于敦煌地区的一种通俗读物,也是敦煌文书中保存写本量比较大而全的一种蒙学著作。该书顾名思义,是一部最新搜辑九经诸子之粹语与史书典籍之文词嘉言,以为训蒙诫俗的读物,也是一部抄录典籍要言排比而成的通俗类书。书中所援引的圣贤要言,均一一举书名或者人名,审其内容与体制,知此无疑是在唐代科举制度之发展与私学教育促进下,所产生具有家训蒙书功用及书抄类书性质的特殊教材。[①] 关于《新集文词九经抄》的研究成果主要有郑阿财的《敦煌写卷〈新集文词九经抄〉校录》《敦煌写本〈新集文词九经抄〉研究》《敦煌写卷〈新集文词九经抄〉研究》;郑炳林、徐晓丽的《俄藏敦煌文献〈新集文词九经

---

① 郑阿财:《敦煌写卷〈新集义词九经抄〉研究》,台北文史哲出版社 1989 年版。

抄〉写本缀合与研究》；李丹禾的《敦煌残〈新集文词九经抄〉初探》。郑阿财《敦煌写卷〈新集文词九经抄〉研究》一书共叙录了P.2557、P.2598、P.3169、P.3368、P.3469、P.3615、P.3621、P.3990、P.4525、P.4971、S.5754、Л247Дx247、Л1429Дx1368、Л2816Дx2153a 共 14 个卷号（其中 Л1247Дx247 号有误，应为 Ф247 号），其中 P.2557、P.3621、P.2598 三卷可拼接成一具有首题、尾题，且内容完整的《新集文词九经抄》一卷并序；S.5754、P.4525、P.4971、Л1247Дx247（Ф247）、Л1429Дx1368、Л2816Дx2153a 所存内容与拼合后之写卷内容重复；P.3169、P.3469、P.3615 三卷可缀合成同一写卷，但内容均与各写卷不同；P.3990 性质和形式与《新集文词九经抄》同，所存 27 则中除 4 则不见于《新集文词九经抄》，其引书籍及次序多与《新集文词九经抄》同；P.3368 所存 78 则中见于《新集文词九经抄》的有 60 则，故 P.2557、P.3621、P.2598、P.4525、P.4971、S.5754、Л1247Дx247（Ф247）、Л1429Дx1368、Л2816Дx2153a 等 9 卷确知属于《新集文词九经抄》的写卷。而 P.3990 系同系之异抄，P.3368 则可能为《新集文词九经抄》《文词教林》同系而不同编纂之抄本。另外郑阿财《敦煌蒙书研究》中的《新集文词九经抄》一文中又增收了 S.8836V 和上图 030（812408）两个写卷。郑阿财的研究主要是对英藏、法藏敦煌文献中的《新集文词九经抄》写卷进行全面的研究，但对俄藏敦煌文献中的《新集文词九经抄》写本的研究较少，仅提到《俄藏敦煌文献》中的 3 个残卷写本，并著录了这 3 个残卷的图版，但没有注意到这些残卷之间的拼接关系，更没有深入研究。郑炳林《俄藏敦煌文献〈新集文词九经抄〉写本缀合与研究》一文，在此基础上进行了深入的研究："首先，考订了上海古籍出版社出版的《俄藏敦煌文献》中的 6 个被认为是《百行章》的写卷定名失误，实际上当为《新集文词九经抄》写本残卷，这 6 个写卷分别是：Дx2153、Ф247、Дx2197、Дx1368、Дx2752、Дx2842；其次，又从《俄藏敦煌文献》第十二册中搜寻到 Дx06059、

第四章 《应机抄》所映射出的唐代道德伦理教育

Дx06019两个没有定名的写卷。上述8个写卷，除了Дx1368之外，其余七个写卷都可以相互缀合，内容也没有重复重叠的部分，且抄写字体完全一样，当出自一人之手。故将这8个写卷进行拼接，其缀合顺序为：Дx1368、Дx2752、Дx2842、Дx06059、Дx06019、Дx2153、Ф247、Дx2197。缀合后的俄藏敦煌写本《新集文词九经抄》共有三部分，因中间有残缺，不能完全直接拼接缀合，但三部分抄写字体的书法文风相同，显然是出自一人之手，从残片的书法风格与结构来看，当为另外一种比较完整的写本。故敦煌文书中应当还有其余残片留存，完整写本的缀合尚有待于进一步的发现。另外，通过俄藏敦煌写本《新集文词九经抄》残卷与英藏、法藏敦煌写本《新集文词九经抄》比较得知，二者相异部分有52处，俄藏敦煌写本《新集文词九经抄》完全正确部分有23处，英藏、法藏正确而俄藏敦煌写本错误的有15处，二者全部错误的有8处，互有对错的有2处，不可判定错对的有4处。据此可得知，俄藏和英藏、法藏《新集文词九经抄》写本可能均抄自同一底本，而俄藏写本要比英藏、法藏写本精准。"①

《新集文词九经抄》一书以"文词"和"九经"为题，当系一撷取九经诸子要言与圣贤文章之粹语、摘抄辑录以资研读检索的编著。正如其序文所言：

> 包括九经，罗含内外，通阐三史，是要无遗，今古参详，礼仪咸备，忠臣孝子从此而生，节妇义夫亦因此起。若夫天地一指，阴阳二仪，人无异形，善恶分像。故足以运身，词能利人；步有进退，词有善恶。恶词如众草，不植而自生；善言如百谷，非力而自媚。口虽一也，开则香臭异闻；人之一焉，量则有深浅。视深窥浅，咸由点学而成，以贤测愚，莫不因学而成智。昔

---

① 郑炳林、徐晓丽：《俄藏敦煌文献〈新集文词九经抄〉写本缀合与研究》，《兰州大学学报》2002年第3期。

偷光幕道，善自前闻；刺股悬头，传之往典。孔子曰："未有不法而自正，不教而自为。"《淮南子》曰："未有舍舟楫而涉江海，弃衔勒而御马者也。"故典籍于人，亦犹是矣。《礼记》云："玉不琢，不成器；人不学，不知道。"刘通曰："茧质含丝而出，人性怀智，须学乃成。"老子曰："修之于身，其德乃真。"《论语》云："修饰以成人，至如小人君子，向背不同，取舍由身，易于反掌。"周公曰："善自作福，恶自作灾。"孔子曰："吉凶由人，祸福由身，行善则吉，行恶则凶，为人由己，岂由人乎？"是知道德礼仪，可修不可废，可法不可违。行之则君子见焉，违之则小人露矣。故以群书纂义，且济时须，删简繁文，通阐内外，援今引古，是要无遗，训俗安邦，号名家教，题标举目，示之云尔。夫屋破者，恒畏风雨；心邪者，常忧祸患。若补得屋则风雨不入其室，心得意则祸患不入其门，世人悉补屋以却风雨，不知正心以除祸患，何其愚惑者矣。①

序文中，作者首先介绍《新集文词九经抄》一文的内容包括九经、三史等，并阐明了通过学习九经和三史，可以成就"忠臣孝子""节妇义夫"，进而通过孔子、老子、周公、《淮南子》《礼记》《论语》这些名人和典籍中关于"勤学""修身""行善"等方面的要言来说明学习九经和三史的价值和意义，最后阐述了该书编撰的目的是"且济时须""训俗安邦"。号名"家教"，说明该书也是家训一类的通俗读物。《新集文词九经抄》援引的典籍主要有《九谏》《毛诗》《孝经》《离骚》《尚书》《六韬》《左传》《孟子》《易》《老子》《史记》《真言要诀》《神女赋》《孔子家语》《淮南子》《庄子》《汉记》《汉书》《论语》《管子》《贤士传》《盐铁论》《韩诗外传》《礼记》以及赵平、刘会、颜渊、严君平、刘向、鲍子、赵古、刘通、马卿、

---

① 王三庆：《敦煌类书》，高雄丽文文化事业股份有限公司1993年版，第323页。

第四章 《应机抄》所映射出的唐代道德伦理教育

张良、嵇仲、贾谊、孙良、扬雄、邹衍、曾参、张成、宋玉、宋弘、李琳、子游、王阳、王良、周公、季路等典籍和个人言语。综观《新集文词九经抄》所援引的典籍，就数量而言，经部典籍出现的次数最多，几乎占全书一半；其次则为老、庄等道家典籍。其中《论语》约占四分之一，《尚书》约占十分之一，《老子》（含河上注）约占十分之一，其次为《太公家教》《礼记》《庄子》《诗》《易》《孝经》《史记》，其援引的情形与唐代教育的实际状况相吻合，亦即以《易》《诗》《书》、"三礼""三传"等九经及《论语》《孝经》为主，兼及崇玄学之《老子》《庄子》《列子》《文子》等书，且亦合乎民间庶民教育处事伦理与道德的要求。①

附《新集文词九经抄》所援引内容而见诸《应机抄》者。②

1.004 太公曰："夫危（明）者见危于无形，智者虑祸于未萌。"

按：《新集文词九经抄》作：马卿曰："夫明者远见于未萌，智者避危于未形，祸固多藏于细微，而发人之所忽。"

2.276 夫意合则胡越为兄弟，不合则骨肉为仇敌。

按：《新集文词九经抄》作：《左传》云："意合，胡越为兄弟，陈重雷义也；不合，则骨肉为仇敌，朱象管蔡也。"

3.103 魏文子曰："甘蔗虽甘，终不可杖；佞（佞）言虽美，卒不可养。"

按：《新集文词九经抄》作：《列仙传》曰："甘蔗虽甘，而不可杖；佞人悦己，亦不可亲。"

4.216 《魏志》曰："质胜文，石建也；文胜质，葵（蔡）邕也；文质彬彬，然其唯徐幹呼？"

按：《新集文词九经抄》作：孔子曰："质胜文则野，文胜质则史，文质彬彬，然后君子。"

---

① 参见郑阿财《敦煌写卷〈新集文词九经抄〉研究》，台湾文史哲出版社1989年版，第28—30页。
② 《新集文词九经抄》录文参见王三庆《敦煌类书》录文篇，第323—353页。

上篇 研究篇

5.132 夫人性欲本静而嗜欲害之；河水欲清而沙土秽之。

按：《新集文词九经抄》作：《文子》曰："树欲静，而风摇之；性欲平，嗜欲害之。"《淮南子》曰："河水欲清，沙壤秽之。"

6.127 夫仓廪实知礼节，衣食足知荣辱。

按：《新集文词九经抄》作：《管子》曰："仓廪实，知礼节，衣食足，知荣辱。"

7.105 《尸子》曰："无功之贵，不义之富，祸之基也。"

按：《新集文词九经抄》作：孔子曰："无义而生，无功而赏，不仁而富，祸之基。"

8.005 又云："圣君与二曜齐其明，与四时等其信。"

按：《新集文词九经抄》作：《易》曰："圣人与天地同其德，与日月齐其明。"

9.358 鲁恭曰："以德胜人者昌，以力胜人者亡。"

按：《新集文词九经抄》作：曾参曰："以德胜人则强，以力胜人则亡。"

10.053 《析言》曰："铎以声自毁，烛以明自销。"

按：《新集文词九经抄》作：刘通曰："铎以声自毁，薰以香自灭，龟以智自割，翠以羽自残，膏以明自煎，石以玉碎质。"

11.101 《尚书》云："木从绳则正，君受谏则圣。"

按：《新集文词九经抄》作：《尚书》云："木以绳直，君以谏明，庶政惟和，万邦咸宁。"

12.008 夫一夫不耕，则非无饥喂之虑；一妇不织，则交有寒冻之忧。

按：《新集文词九经抄》作：《庄子》云："一夫不耕，天下受其饥；一妇不织，天下受其寒。"

13.358 鲁恭曰："以德胜人者昌，以力胜人者亡。"

按：《新集文词九经抄》作：孔子曰："君子心争，小人力争；君子斗德，小人斗力。以德胜人则强，以力胜人则亡。"

第四章 《应机抄》所映射出的唐代道德伦理教育

14.145 古人云："直木先伐，甘井先竭。"

按：《新集文词九经抄》作：《老子》曰："直木先伐，甘泉先竭。直则枉，典则全；洼则盈，弊则亏。家败妻亡，国危臣隘。"

15.146 《庄子》曰："夫水行不避蛇龙者，渔父之勇也；陆行不避虎兕者，猎夫之勇也。"

按：《新集文词九经抄》作：《杨楷书》曰："水行不避蛟龙，渔父之勇；陆行不避猛兕，猎夫之勇；白刃相交，视死若归，烈士之男；当朝不避权豪，直言其事，忠臣之勇。"

16.129 《孙子》曰："夫不登太山，不知天之高；不临泉壑，不知地之厚。"

按：《新集文词九经抄》作：《庄子》曰："不登峻岑，不知天之高；不履深谷，谁知地之厚；不读经书，焉表世事玄廓也。"

17.369 晏子曰："君子居必择邻，游必就士。"

按：《新集文词九经抄》作：太公曰："居必择邻，慕□□友。好言善语，记念心口。共恶聚集，□□□身；共善人相随，必增其智惠。恶必须远，善必须亲。孟母三徙，为子择邻。"

三 与《文词教林》之比较

《文词教林》就性质、内容与形式而言，均与《应机抄》相似，同样是敦煌地区所流行的"鸠书摘义，理义相扶，删简繁文，通罗内外，援今引古，是要无遗"训诫之类的读物。《文词教林》，敦煌遗书中仅存 P.2612 号残卷，共 309 行，所援引典籍粹语 65 种、222 则。P.2612 号残卷，现藏于法国巴黎国家图书馆。系卷子本，正背书，正面为本卷，有丝栏。计抄有（1）《新集文词教林》卷上（2）《文词教林》卷上并序。① 由于写卷中的《新集文词教林》卷上，首完尾残，仅存 12 行，只知其与《文词教林》《应机抄》属于同一类的通

---

① 郑阿财、朱凤玉：《敦煌蒙书研究》，甘肃教育出版社 2002 年版，第 314 页。

上篇　研究篇

俗通物，无法作进一步的考察研究，故本书仅考察《文词教林》一书。

《文词教林》卷上并序：

若夫天地一指，阴阳二仪；仁（人）无异形，善恶分像。影难恒质，曲直从形；人非常情，随化而变。且大夏（厦）凌云，必资于术；明珠耀月，亦先于莹。悦礼敦诗，可以和神性；友贤辅德，可以政邦家。《论语》云："上好礼，则人莫敢不敬；上好义，则人莫敢不服；上好信，则人莫敢不用情。恭（信）近于义，言可复；恭近于礼，远耻辱。"老子曰："修之于身，其得（德）乃真；修之于张，其得（德）乃长。"故君子以议制事，以礼制心，有条而不紊，则纲维自利；在法多达，则手足无措。《毛诗》云："靡不有初，鲜克有终。"《六韬》云："取其初者，必不薄其后；慎其终者，必不僭其始。"孔子曰："为有不法而自政（正），不教而自为者。"淮南曰："未有舍舟楫机遇涉江海，弃衔勒而能御马者也。"故曲籍于人，亦犹是矣。《礼记》云："玉不琢，不成器；人不学，不知道。"是以礼乐诗书，人之所须；恭敬揖让，人之所上（尚）。董仲不出户而知天下，何必历远以劬劳；且足以运身，词有利害；足有进退，词有善恶。恶词有众草，不值（植）而生；善词而（如）百谷，非力而自媚。口虽小也，开则吉凶两途；人之一焉，量则深浅不等。是深躯窥汪，咸由恳学而成。以贤恻（测）愚，莫不因学而德（得）；悬头刺股，勖懈前闻，慕道偷光，传之往典。至如小人君子，向背不同。取舍非难，易于反掌。蔡皆曰："贵贱无常，唯人所速，苟善，则庸夫之子可至三公；苟不善，则三公之子反为凡庶。"孔子曰："吉凶由人，祸福由身。行善则吉，行［恶］则凶为人由己，而由人乎！"是知道德礼义，可法不可违。法之则君子见焉，违之则小人露矣。故以鸠书摘义，理义相扶，删简繁文，通

第四章　《应机抄》所映射出的唐代道德伦理教育

罗内外，爱（援）今引古，是要无遗，政（正）匡家，咸由此起，勒成两卷，号曰教林，上下标名，示之云尔。夫屋破［者］恒畏风雨，心邪者常忧祸患。若补得屋，则风雨不入其室；若正得意，则祸患不入其心。世人悉补屋以却风雨，不知正心以除祸患，何其愚惑者矣。天地之中，以生为命，能者养以取福；不能者败以取祸。祸福生于道，而出于爱恶。荣辱生于己，不在比人，世人皆知衣弊之恶，而莫知失言行之辱也。①

序文中，作者首先阐明人处于天地阴阳之间，善恶随化而变；唯有道德礼义永不可废，可法而不可违；而谨始慎终，效法正身，才是人所当行。至于典籍于人，亦犹如此，人唯有假藉恳学，方能趋吉避凶，舍贱登贵。接着说明《文词教林》之编纂材料来自各种典籍，即"凡有合乎义理者，删节浮辞，笼括内典外道书籍，援取从古至今之著作"。

《文词教林》中的内容，每则既不区分部类，仅作条列事文的接抄方式，间距又非严整清楚。从上卷抄录未完已多达220则来看，全书两卷当五百则左右。至于每则内容的援引方式，或引书名冠首，或援人名开头，偶而未明著出典者，援引方式与《应机抄》相同。《文词教林》所援引的内容主要有《论语》《易》《老子》《东观汉书》《真言要诀》《尚书》《庄子》《韩诗外传》《礼记》《论语》《左传》《唐制》《张良书》《论衡》《毛诗》《六韬》《西京赋》《盐铁论》《太公家教》《博物志》《归真论》《九谏书》《孟子》《抱朴子》以及周公、孔子、曾子、贾谊、郭象、陶潜云、马援、孔融、孙良、子夏、扬雄、严光、子贡、管仲、赵信、嵇仲等典籍和个人言语。综观《文词教林》所援引的典籍，就数量而言，经部典籍出现的次数最多，其次则为老、庄等道家典籍。

---

① 参见郑阿财《敦煌写卷〈新集文词九经抄〉研究》，第50—52页。

上篇 研究篇

附《文词教林》所援引内容而见诸《应机抄》者。①

1.111 古人云："日中则移，月满则亏，人之荣利，亦复如是。"

按：《文词教林》作：《老子》曰："日中则移，月满则亏；物盛则衰，乐极则悲，故（古）之常也。"

2.132 夫人性欲本静而嗜欲害之；河水欲清而沙土秽之。

按：《文词教林》作：《淮南子》曰："树欲静，而风摇之；性欲平，嗜欲害之；河水欲清，沙壤秽之。"

3.004 太公曰："夫危（明）者见危于无形，智者虑祸于未萌。"

按：《文词教林》作：马□（卿）曰："明者远见于未萌，智者避危于无刑（形），祸故（固）多藏于细微，而发人之所忽。"

4.313 《正典》曰："柔胜刚，阴胜阳；舌柔齿刚，舌存齿亡。"

按：《文词教林》作：孔子曰："舌柔齿刚，齿□□□（亡舌存）；□忍忿者安，忍辱者全。天下柔弱，莫过于水，而政□□□能先，水能灭亡（火），阴能销阳。"

5.358 鲁恭曰："以德胜人者昌，以力胜人者亡。"

按：《文词教林》作：太公曰："修身莫若敬，□（避）□（强）莫若顺；以德胜人则强，以力胜人则亡。"

6.005 又云："圣君与二曜齐其明，与四时等其信。"

按：《文词教林》作：《易》曰："圣人与天地合其德，与日月齐其明。"

7.145 古人云："直木先伐，甘井先竭。"

按：《文词教林》作：《老子》曰："直木先伐，甘井先竭。"

8.103 魏文子曰："甘蔗虽甘，终不可杖；佞（佞）言虽美，卒不可养。"

按：《文词教林》作：《博物志》云："甘蔗虽甘，而不□□（可杖）；□（佞）人悦已，亦不可用。"

---

① 《文词教林》录文参见王三庆《敦煌类书》录文篇，第309—322页。

第四章 《应机抄》所映射出的唐代道德伦理教育

9.216《魏志》曰:"质胜文,石建也;文胜质,葵(蔡)邕也;文质彬彬,然其唯徐幹呼?"

按:《文词教林》作:《论语》:"质胜文则野,文胜质则史,文质彬彬,然后君子。"

由上述《勤读书抄》《新集文词九经抄》《文词教林》的序文可知,《应机抄》与《勤读书抄》《新集文词九经抄》《文词教林》同为敦煌地区有关道德伦理教育方面的训诫类通俗读物,其援引典籍主要是经、史、子部的书籍。从"《新集文词九经抄》所援引内容而见诸于《应机抄》者"和"《文词教林》所援引内容而见诸于《应机抄》者"可知,《应机抄》与《新集文词九经抄》《文词教林》内容相同或相近者不多,《新集文词九经抄》仅 17 则内容,《文词教林》仅 9 则内容。但如果将《应机抄》《勤读书抄》《新集文词九经抄》《文词教林》四者所援引的书籍进行对校,即可看出四者所援引书籍的价值及其取材的大致范围,列表如下。

表4-2　《应机抄》《勤读书抄》《新集文词九经抄》《文词教林》援引书籍情况

引书	应机抄	勤读书抄	新集文词九经抄	文词教林	引书	应机抄	勤读书抄	新集文词九经抄	文词教林
《易》	1		15	11	《司马法》	1			
《尚书》	1		53	27	《燕丹子》	1			
《论语》	1	1	37	29	《苏子》	1			
《孟子》	1		8	2	《阮子》	2			
《韩诗》	1			2	孙卿子	1			
《史记》	4	1	13		《列仙传》	1			
《汉书》	1				《析言》	1			
《周书》	1				《胡非子》	1			
《魏志》	1				《正典》	1			
《老子》	5		43	25	《文章流别论》	1			

续表

引书	应机抄	勤读书抄	新集文词九经抄	文词教林	引书	应机抄	勤读书抄	新集文词九经抄	文词教林
《庄子》	2	1	29	6	《陈子》	1			
《韩子》	2				《拾遗》	1			
《淮南子》	2		6	3	《王氏春秋》	1			
《列子》	1				《古诗》	1			
《墨子》	1	1			《世语》	1			
《孙子》	1				《才府》	4			
《文子》	1		1		鲁恭	1			
《鹖冠子》	1				梁王	1			
《吕氏春秋》	1				范晔	1			
《管子》	2		2		司马师	1			
《慎子》	2				东方朔	1			
《尹文子》					太公	5		42	5
《论衡》	1				《杨子》	3			
《风俗通》	1	1			《华子》	2			
《新论》	1				《广成子》	1			
《新书》	1		3		葛洪	1			
《新语》	2				应劭	1			
《抱朴子》	3	1	1	1	《厉成子》	1			
《鬼谷子》	1				《颜子》	2		1	
《三略》	1				周生烈	1			
《六韬》	2		3	4	徐干	1			
《苻子》	2				曹植	1			
《傅子》	2		3		马廖	1			
《说苑》	2				《晏子》	3			
《尸子》	3				苏秦	1			
《善政》	1				魏文子	1			
《陆子》	3				诸葛亮	1			

第四章 《应机抄》所映射出的唐代道德伦理教育

续表

引书	应机抄	勤读书抄	新集文词九经抄	文词教林	引书	应机抄	勤读书抄	新集文词九经抄	文词教林
《典言》	1				《亡名子》	1			
《神仙传》	1		1		《子思》	1			
《唐子》	1				《子张》	1			
《九谏书》			4	2	陶潜				1
《千字文》				1	《曾子》			10	1
《笙歌赋》			1		《唐制》				2
《博物志》				1	《真言决》			9	10
《毛诗》			9	3	《傅》			3	
《左传》			10	5	杨楷书			1	
《孔子家语》			3		《诗》			5	
《西京赋》			1	1	《汉书》	1		2	2
《西都赋》			1		《汉纪》			1	
《孝经》			12	4	《蔡伯喈》				1
《孝子传》			1		《仪礼》			1	
《东京赋》			1		《赋》			2	
《东观汉记》				1	《贤士传》			3	
《长笛赋》			1		《鲍子》			3	
《礼记》			37	12	《归真论》				1
《离骚》			3		魏朗书			1	1
《神女赋》			1		《盐铁论》			1	1
《仪》				2	《后汉书》			2	
《晋书》		1			《颜氏家训》			5	
《魏书》		1							

注：该表是参考"第一章写卷引书研究"中的"明引书籍表"和王三庆《敦煌类书·研究篇》中的"新集文词九经抄"而得出。

以上只是根据四者的明引书籍得出的统计结果，由于《勤读书抄》残缺较多，现仅存四纸七十三行，共载十六则勤学事类，故将其援引书籍列出，仅作参考。从上述表格中，可以看出《易》《论语》《老子》《庄子》《淮南子》《抱朴子》《六韬》、太公等乃《应机抄》《新集文词九经抄》《文词教林》三者所共有，其中除部分经书外，实则以道家之书为主。然而《新集文词九经抄》与《文词教林》二者之间的引书呈现出一组对应规律，说明二者间关系密切，尤其共出的文字高达160条左右，即可证明《文词教林》上卷现存220则中，有百分之七十三被《新集文词九经抄》所吸收。[①]

值得注意的是，虽然《应机抄》与《勤读书抄》《新集文词九经抄》《文词教林》同出的文字不多，但是他们的编辑方式和引用书风较为相近，都是从经、史、子部典籍中选择可以作为应机教育子弟的文字，略作分合，而非严格分类。同时四者都是敦煌民间的训诫类读物，可以据此得知中国古代之通俗读物，基本上均离不开儒家及诸子之道德教化，因此其取材亦多源自历代经史及诸子百家之言。同时，《应机抄》《勤读书抄》《新集文词九经抄》《文词教林》四书的编撰，重在宣扬儒家之忠孝礼义、德贤智让、勤学修身、行为处事、齐家治国等道德伦理规范和日常生活处事之准则，全面体现了唐代敦煌地区社会道德伦理基础教育的风尚。这种以知识为纲，以道德为本的教育体系，在教化风俗的同时，也维持了社会秩序的稳定。

综上所述，本章节通过《应机抄》与《初学记》《意林》《群书治要》《勤读书抄》《新集文词九经抄》《文词教林》的比较研究，了解唐代与《应机抄》相近的这些书籍，无论是官方编撰还是民间私人编撰，都是以文化知识和道德伦理教育为核心，在满足个人日常基本知识需求和文化传承的同时，又成为社会建立道德秩序和政治秩序的关键所在。因此，道德伦理规范的确立成为维持社会秩序稳定的纽带，反过来，政治权力则又有效地维护知识与道德的权威性。作为统

[①] 王三庆：《敦煌类书》，高雄丽文文化事业股份有限公司1993年版，第94页。

第四章 《应机抄》所映射出的唐代道德伦理教育

治阶级,既要为政以"正",还要治政以"德",正如《论语》中所言,"子帅以正,孰敢不正""其身正,不令而行。其身不正虽令不从""为政以德,譬如北辰,居其所而众星共之""远人不服,则修文德以徕之,既来之,则安之"等,只有端正自己的道德品质,才能做到上行下效,政令畅通,否则就会导致政治腐败,甚至国破家亡。因此,唐代统治者把学识和德行作为官员的选拔和考核的主要依据,正如以下典籍所述,《贞观政要》卷七《崇儒学》云:

> 贞观二年,太宗谓侍臣曰:"为政之要,惟在得人,用非其才,必难致治。今所任用,必须以德行、学识为本。"①

《新唐书》卷四十五《选举志下》云:

> 凡择人之法有四:一曰身,体貌丰伟;二曰言,言辞辩正;三曰书,楷法遒美;四曰判,文理优长。四事皆可取,则先德行;德均以才,才均以劳。②

《新唐书》卷四十六《百官志》云:

> 考功郎中、员外郎各一人,掌文武百官功过、善恶之考法及其行状。凡死而传于史官、谥于太常,则以其行状质其当不;其欲铭于碑者,则会百官议其宜述者以闻,报其家。其考法,凡百司之长,岁较其属功过,差以九等,大合众而读之。流内之官,叙以四善:一曰德义有闻,二曰清慎明著,三曰公平可称,四曰恪勤匪懈。③

---

① (唐)吴兢撰:《贞观政要》,上海古籍出版社1978年版,第219页。
② (宋)欧阳修等:《新唐书》,中华书局1975年版,第1171页。
③ 同上书,第1190页。

故德行和学识成为唐代为官行政的必备条件，也是唐代学者所不可或缺的方面。在这样的社会体系下，官员在日常生活中不仅要有广博的学问，还要有良好的道德品行，在仕途上要有良好的声誉和政绩。而且，在唐代作为普通老百姓也要学礼，受礼的约束，如《论语》云："道之以政，齐之以刑，民免而无耻；道之以德，齐之以礼，有耻且格。"

下篇　录文校笺篇

凡　　例

一、本校笺据英藏敦煌文献 S.1380 移录，并参考王三庆《敦煌类书》校笺篇——《应机抄》，S.1380 简称原卷。

二、凡原卷因残损而导致的缺字或漫漶难辨之字，用□表示，若干字即用若干□表示，不知缺字字数者，用▰▰▰表示前缺，▭▭表示中缺，▭▭▭表示后缺，但若有根据引书或文义可补者，在□中补入，并在校注中说明。

三、凡原卷因抄写而导致的脱文、漏字，需补足文义者，将所补之字置□中，并在校注中说明。

四、凡原卷中出现的误字、通假字或疑当为某字者，则在其后的（　）中补入正字，必加注说明之。原文残损，可据残字笔画和上下文推知者，径补；无法拟补者，从缺字例；字迹清晰，但不识者照描，在该字注以"（?）"，以示存疑。

五、原卷中写在行外的补字，录文中能补入者径行补入行内，并在校注中加以说明，不能补入者也在校注中加以说明。

六、原卷中有倒字符号者，一律改正，并在校注中加以说明；有删字符号的文字不再录出，但在校注中加以说明；有重叠符号者，直接补足重叠文字，不出校记；有修改、涂改符号者，能确定作废者，只录修改后的文字，若据校本或上下文义，修改有误者，照原卷录写；原卷中出的衍字、衍文，则照样录出，并在校注中加以说明。

七、为便于阅读和排版，原卷中所用的繁体字、俗体字、异体字均改作通用的简体字。

八、事类、词条、诗文,若有重复者,则用互见之例,以省篇幅。

九、校注力求明其引文出处,其中不得原典出处者,亦尽可能寻其相关文献以资参考。

《应机抄》卷上（？）[①]

001 ▆▆□□不燋于然（？）炭[1]之上，生花（华）[2]于已枯之木，上（亦）[3]恐难乎！

[1]"然（？）炭"，王三庆《敦煌类书·应机抄》（以下简称王本）释作"烈火"；郝春文主编《英藏敦煌社会历史文献释录（第5卷）》（以下简称郝本）释作"炽（？）炭"，认为原件"炭"字清晰，"炽"字仅存左半，存疑待考；萧旭《敦煌写卷S.1380〈应机抄〉补笺》认为原卷左半部不作"火"旁，当非"炽"字，疑此字当作"然"字，"然"同"燃"，"不燋于然炭之上，生花于已枯之木"是指免于刑罚，绝处逢生；本书认为原卷残字左半与敦煌俗写字中"然"的左半较为相似，故赞同萧旭的观点。

[2]"华"字，据文义与引书改，敦煌写卷中"华"与"花"常通用，下同。

[3]"上"字，据原卷抄录，据文义应改为"亦"。

按：本则出处待考。"生花（华）于已枯之木"应典出于《三国志》。《三国志》卷二十一《魏书·刘廙传》云："廙上疏谢曰：'臣罪应倾宗，祸应覆族。遭乾坤之灵，值时来之运，扬汤止沸，使不燋烂；起烟于寒灰之上，生华于已枯之木。物不答施于天地，子不谢生于父母，可以死效，难用笔陈。'"

[①]《应机抄》现存380则内容，前后残缺，自第229则开始为"卷下"内容，但1—228则或为"卷上"内容，或为"卷中"内容，待考。故以《应机抄》卷上（？）命名。

下篇　录文校笺篇

002 夫人之所乐者，富贵与荣显也[1]；其[2]所憎者，贫贱与死亡也。

[1] 王本录文中缺"也"字，应据写卷补。

[2] "其"字，王本作缺文，应照原卷录写。

按：本则出于《三国志》，文字略同。《三国志》卷二十一《魏书·卫觊传》云："觊上疏曰：'夫变情厉性，强所不能，人臣言之既不易，人主受之又艰难。且人之所乐者富贵显荣也，所恶者贫贱死亡也，然此四者，君上之所制也。'"

003 《老子》曰："圣人异于凡人者，神明也；同于凡人者，五[1]情也。神明异，故能体冲虚[2]；五[3]情同，故不能无哀乐。"

[1][3] "五"，王本释作"血"，误。《文选·曹植·上责躬应诏诗表》："形影相吊，五情愧赧。"刘良注："五情：喜、怒、思、忧、恐。"

[2] 王本缺"冲虚"二字，应据原卷抄录。

按：本则属于误引，查今本《老子》并无本则内容，本则与《三国志》裴松之注略同。《三国志·魏书·钟会传》裴注附何劭《王弼传》云："弼与不同，以为圣人茂于人者神明也，同于人者五情也，神明茂故能体冲和以通无，五情同故不能无哀乐以应物，然则圣人之情，应物而无累于物者也。"

004 太公曰："夫危（明）[1]者见危于无形，智者虑祸[2]于未萌。"

[1] "危"字，王本作缺文，据文义与引书，当作"明"。

[2] "祸"字，王本作"知"字，误。

按：本则为太公之言，出于《太公金匮》，文字略有出入。《文选·檄蜀文》李善注引《太公金匮》曰："明者见危于未萌，智者避危于无形。"又有《三国志》卷二十八《魏书·钟会传》云："明者见危于无形，智者规祸于未萌，是以微子去商，长为周宾，陈平背项，立功于汉。"

005 又云："圣君与二[1]曜齐[2]其明，与四时等[3]其信。"

· 132 ·

[1]"二"字，王本作"上"字，误。

[2]"齐"字，据引书与文义补。

[3]"四等"，王本作"囗（下）著"，误。"时"字，据引书与文义补。

按：萧旭《敦煌写卷 S.1380〈应机抄〉补笺》对本则的解释为："原卷有脱文，当作'圣君与二曜齐其明，与四时等其信'。二曜，日月也。"故本书赞同萧旭的观点。

查今本姜太公相关著作《六韬》《太公兵法》《太公金匮》，并无本则内容。《曹植集·谏取诸国士息表》云："臣闻古者圣君与日月齐其明，四时等其信。是以戮凶无重，赏善无轻，怒若惊霆，喜若时雨，恩不中绝，教无二可。"《三国志·魏书·曹植传》裴注云："植以近前诸国士息已见发，其遗孤稚弱，在者无几，而复被取，乃上书曰：'臣闻古者圣君，与日月齐其明，四时等其信，是以戮凶无重，赏善无轻，怒若惊霆，喜若时雨，恩不中绝，教无二可，以此临朝，则臣下知所死矣。'"《太公兵法》《太公金匮》皆为佚书，是后人辑录而成，故本则出处待考。

006《列子》曰："尘雾之微，补[1]益山海；荧烛之光，增辉日月。"

[1]"补"字，按原卷抄录，王本作"增"，误。

按：本则出处待考。《列子》，列御寇撰，张湛注，《汉书·艺文志》著录为八篇，《隋书·经籍志》《旧唐书·经籍志》《新唐书·经籍志》著录为八卷。今本《列子》，疑为汉魏后人所作，不见本则内容。考本则见于《曹植集》《三国志》《艺文类聚》。《曹植集·求自试表》云："冀以尘雾之微，补益山海；荧烛末光，增辉日月。"又有《三国志》卷十九《魏书·陈思王曹植传》、《艺文类聚》卷五十二《治政部下·荐举》引《求自试表》同。故本则或可补今本《列子》之阙佚。

007 太公曰："圣主之御世也，莫不广农为业，俭用为心（资）[1]。

下篇　录文校笺篇

农广则谷积，俭用则财丰。"

[1]"资"字，据文义与引书改。

按：查今本姜太公相关著作《太公兵法》《太公金匮》无本则内容，但引文与《三国志》略同。《三国志》卷二十四《魏书·高柔传》云："柔上疏曰：'圣王之御世，莫不以广农为务，俭用为资。夫农广则谷积，用俭则财畜，畜财积谷而有忧患之虞者，未之有也。'"故本则出处待考。

008 夫一夫不耕，则非无饥喂之虑；一妇不织，则交有寒冻之忧。

按：《管子·揆度》云："农有常业，女有常事。一农不耕，民有为之饥者；一女不织，民有为之寒者。"《管子·轻重甲》云："管子曰：'一农不耕，民或为之饥；一女不织，民或为之寒。'"《后汉书》卷七十九《王符传》引《浮侈篇》曰："王者以四海为家，兆人为子。一夫不耕，天下受其饥；一妇不织，天下受其寒。"《魏书》卷七上《帝纪第七·高祖纪上》云："一夫不耕，将或受其馁；一妇不织，将或受其寒。"《三国志》卷四十八《吴书·孙休传》云："管子有言：'仓廪实，知礼节；衣食足，知荣辱。'夫一夫不耕，有受其饥，一妇不织，有受其寒；饥寒并至而民不为非者，未之有也。"本则内容疑为在《管子》的基础上改易所致。

009 又云："万目不张举其纲，众毛不整振其领。"

按：本则出于《三国志》。《三国志》卷二十四《魏书·崔林传》云："且万目不张举其纲，众毛不整振其领。"又有《新论·离事》云："举网以纲，千目皆张；振裘持领，万毛自整。"

010 又云："君明则臣直，父正则子恭。"

按：本则出处待考。《三国志》卷二十二《魏书·卢毓传》云："及侍中高堂隆数以宫室事切谏，帝不悦，毓进曰：'臣闻君明则臣直，古之圣王恐不闻其过，故有敢谏之鼓。近臣尽规，此乃臣等所以不及隆。'"

011 彦（谚）[1]曰："一犬吠刑（形）[2]，众犬吠声。"

[1]"谚"字，据引书改，敦煌文献中，"彦"与"谚"通，下同。

[2]"刑"字，敦煌俗体字中，"刑"同"形"，故改之。

按：本则内容为谚语，内容与诸引书略有不同。《潜夫论·贤难》云："谚曰：'一犬吠形，百犬吠声。'"《初学记》卷二十九《兽部·猴十五》引《潜夫论》曰："一犬吠形，百犬吠声。"《太平御览》卷九百五《兽部十七·狗下》引《潜夫论》同。《晋书》卷四十七《傅咸传》云："一犬吠形，群犬吠声，惧于群吠，遂至囙听也。咸之为人，不能面从而有后言。"《三国志·魏书·卫臻传》裴注云："一犬吠形，群犬吠声，惧于群吠，遂至回（囙）听。"

012《六韬》云："夫战争之时，以谈略为先；平定之后，以忠义为（最）[1]。"

[1]" "字，古同"最"字，据文义改。王本作"家"字，误。郝本作"冣"字，"冣"同" "。

按：《六韬》，战国时著作，《隋书·经籍志》著录五卷，《旧唐书·经籍志》《新唐书·经籍志》《宋史·艺文志》著录六卷。今本《六韬》不见本则内容，其他类书也不见征引。故本则或可补《六韬》之阙佚。

013《陆子》曰："居私也，勤身以致养；及在朝，竭命以申忠。"

按：本则出处待考，文字与诸引书略有不同。《陆子》，晋陆云撰，《隋书·经籍志》《旧唐书·经籍志》《新唐书·经籍志》著录为十卷，《清史稿·艺文志》著录为一卷。后人将陆云的著作汇集为《陆云集》，不见本则内容。《三国志》卷六十五《吴志·韦曜传》引韦曜之言："且君子之居室也勤身以致养，其在朝也竭命以纳忠，临事且犹旰食，而何博弈之足耽？"《文选》卷五十二引《博弈论》同。《艺文类聚》卷七十四《巧艺部·博》引《博弈论》云："且君子之居室也，勤身以致养，其在朝也，竭命以纳忠，故老友之行立，贞纯之名彰，方今圣朝乾乾，务在得人，博选良才，旌简旄俊，设呈试之科，垂金爵之赏，诚千载之嘉会，百世之良遇也。"故本则或可补

《陆子》之阙佚。

014 夫泉竭则流涸（洇）[1]，根朽则叶枯。

［1］"洇"字，诸引书作"涸"，"洇"与"涸"或因形近而误写，故改之。王本与郝本皆作"洇"字。

按：本则出于《六代论》。《文选》卷二十五《王命论》引曹冏《六代论》云："夫泉竭则流涸，根朽则叶枯，枝繁者荫根，条落者本孤。"《三国志·魏书·广平哀王俨传》裴注引曹冏之言："夫泉竭则流涸，根朽则叶枯；枝繁者荫根，条落者本孤。"

015 古之贤人，入则致孝于亲，出则致节于君，岂不善欤？

按：本则出于《晋书》，文字略有不同。《晋书》卷九十六《列女传》云：宪英谓琇曰："行矣，戒之！古之君子入则致孝于亲，出则致节于国；在职思其所司，在义思其所立，不遗父母忧患而已。军旅之间可以济者，其惟仁恕乎！"

016《六韬》云："臣与君（主）[1]同者昌，主[2]与臣[3]同者亡。"

［1］"君"与"主"义同，旧时臣子称君王、下级称上级为主，有比较的含义，故据字义及引书，此处应改为"主"字。

［2］"主"字，据引书与文义补。此处，郝本作"不"字，误。

［3］王本在"臣"字后面补"不"字，误。

按：本则出处待考，查今本《六韬》不见本则，但引文与《三国志》裴注、《后汉书》略同。《三国志·魏书·袁绍兴传》裴注引献帝传曰："夫臣与主不同者昌，主与臣同者亡，此黄石之所忌也。"《后汉书》卷七十四《袁绍传》云："夫臣与主同者昌，主与臣同者亡，此黄石之所忌也。"［夫臣与主同者（昌主与臣同者）亡，集解引惠栋说，谓献帝传云"臣与主同者昌，主与臣同者亡"，传漏"昌主与臣同者"六字。今据补。］又有《后汉书》李贤注云："臣与主同者，权在于主也。主与臣同者，权在臣也。"由上述可知，《三国志》裴注与《后汉书》所述文字略同，但意义相反，据诸引书及上下文义，当据《后汉书》作"臣与主同者昌，主与臣同者亡"为长，故本则或可补《六韬》之阙佚，也可校勘《三国志》裴注、《后汉书》之相关内容。

017《鹖冠子》曰："夫功不厌约，事不厌省。功约则易成，事省则易治。"

按：查今本《鹖冠子》无本则内容，本则出处待考。《文子》卷十《上仁》引老子之言云："故功不厌约，事不厌省，求不厌寡。功约易成，事省易治，求寡易赡。"《淮南子》卷二十《泰族训》云："故功不伏约，事不厌省，求不厌寡。功约易成也；事省易治也；求寡易澹也。众易之，于以任人，易矣。"故本则或可补《鹖冠子》之阙佚。

018 又云："废一善，众善衰；赏一恶，众恶炽。"

按：本则出于黄石公《三略》，文字略有不同。《三略·下略》云："废一善，则众善衰。赏一恶，则众恶归。"

019《老子》曰："夫有清白之志者，不可以爵禄引也；有贞节操者，不可以威刑胁。"

按：本则并非出于《老子》，本则内容与《三略》所述略同。《三略·下略》云："清白之士，不可以爵禄得；节义之士，不可以威刑胁。"《长短经》引《三略》云："黄石公曰：'有清白之士者，不可以爵禄得；守节之士，不可以威胁。'"

020 太公曰："立国之法，务广地者荒，务广德者强。"

按：查太公望吕尚相关著作，并无本则内容。《三略·下略》云："故曰：'务广地者荒，务广德者强，能有其有者安，贪人之有者残。'"《后汉书》卷十八《臧宫传》引《黄石公记》曰："故曰务广地者荒，务广德者强。有其有者安，贪人有者残。《长短经》卷三引黄石公之言曰："务广地者荒，务广德者强，有其有者安，贪人有者残。"故本则疑为作者据黄石公《三略》改易所致。

021 又云："有德之君，以乐乐民；无德之君，以乐乐身。乐民者，其祚延长；乐身者，不久灭亡。"

下篇　录文校笺篇

按：查太公望吕尚相关著作，并无本则内容，诸引书略有不同。《三略·下略》云："故有德之君，以乐乐人；无德之君，以乐乐身。乐人者，久而长；乐身者，不久而亡。"《三国志》卷六十一《吴书·陆凯传》云："凯上疏曰：'臣闻有道之君，以乐乐民；无道之君，以乐乐身。乐民者，其乐弥长；乐身者，不乐而亡。'"《后汉书》卷十八《臧宫传》云："《黄石公记》曰，'柔能制刚，弱能制强'。故曰有德之君，以所乐乐人；无德之君，以所乐乐身。乐人者其乐长，乐身者不久而亡。"《通典》卷一百九十五引《臧宫传》同。故本则应出于《三略》。

022 古人云："与众同善者成，与众同恶者倾。"

按：本则出处待考。《三略·上略》云："故与众同好，靡不成；与众同恶，靡不倾。"

023 又云："抑非集（损）[1]恶，可以无过；贬酒善（阙）[2]色，可以无罪；避嫌远疑，可以不悔；博学勤问，可以遍知。"

[1]"集"字，郝本改为"弃"字，王本径释作"弃"字。本文作"损"字，据文义与引书改。

[2]"善"字，王本作"恶"字，误。郝本作"恶"字。本文作"阙"字，据文义与引书改。

按：《素书·求人之志》云："绝嗜禁欲，所以除累。抑非损恶，所以让过。贬酒阙色，所以无污。避嫌远疑，所以不误。博学切问，所以广知。高行微言，所以修身。"查其他典籍，并无与本则相近的文字，故本则内容疑为在《素书》的基础上改易所致。

024 杨子曰："好众辱人者殃，亲佞（佞）[1]远忠者亡。"

[1]"佞"字，"佞"的讹字，敦煌俗体字中"佞"同"佞"，郝本据文义改为"佞"字，王本径释作"佞"字。

按：杨子即杨朱，战国时期魏国人，他的见解散见于《庄子》《孟子》《韩非子》《吕氏春秋》等书，经查询，上述书籍并无本则内容。《长短经》引《玉钤经》云："好众辱人者殃，戮辱所任者危，慢其所敬者凶,貌合心离者孤,亲佞远忠者亡。"《素书·道义》云:"以明示下者暗,有过不知者蔽,迷而不返者惑,以言取怨者祸,令与心乖者废,后令缪前者毁,怒而无威者犯,好众辱人者殃,戮辱所任者危,慢其所敬者凶,貌合心离者孤,亲谗远忠者亡,近色远贤者昏,女谒公行者乱,私人以官者浮,凌下取胜者侵,名不胜实者耗。"《素书》又名《玉钤经》,故本则出于《素书》。

025 又云:"多许少与者[1]怨,薄施厚望者仇。"

[1]"者"字,原卷缺,据引书及文义补,王本与郝本同。

按:本则出于《素书》,文字略有不同。《素书·道义》云:"以过弃功者损,群下外异者沦,既用不任者疏,行赏吝色者沮,多许少与者怨,既迎而拒者乖。薄施厚望者不报,贵而忘贱者不久。"

026 又云:"贵而妄(忘)[1]贱者危,阴谋外泄者败。"

[1]"妄"字,当作"忘"字,"妄"为"忘"之借字,据引书及文义改,王本与郝本同。

按:本则出于《素书》,文字略有不同。《素书·道义》云:"薄施厚望者不报,贵而忘贱者不久……阴谋外泄者败,厚敛薄施者凋。"《长短经》引《玉钤经》同。

027 华子囗:"赏加无功、罚加无罪者,酷也。"

按:查相关史籍,并无华子的言论,本则内容与《素书》略同。《素书·道义》云:"赏不服人、罚不甘心者叛。赏及无功、罚及无罪者酷。"

028 《傅子》囗:"安在得贤,危在失士(事)[1]。"

[1]"士"字,与"事"同,《说文解字》云:"事,士也。"

按:本则出处待考。《傅子》,晋傅玄撰,《隋书·经籍志》《旧唐书·经籍志》《新唐书·经籍志》著录为一百二十卷,《宋史·艺文志》著录为五卷,可见其内容在唐宋之间已散佚很多。今本《傅子》不载本则内容,考本则见于《素书》。《素书·安礼》云:"安在得人,危在失事。"故本则或可补今本《傅子》之阙佚。

029 又云："畏危者安，畏亡者存。"

按：本则出于《素书》。《素书·安礼》云："畏危者安，畏亡者存。"

030 又云："足寒伤心，民怨伤国。"

按：本则出于《素书》。《素书·安礼》云："足寒伤心，人怨伤国。"又有《申鉴·政体》云："天下国家一体也，君为元首，臣为股肱，民为手足。下有忧民，则上不尽乐；下有饥民，则上不备膳；下有寒民，则上不具服。徒跣而垂旒，非礼也。故足寒伤心，民寒伤国。"《刘子·爱民》云："夫足寒伤心，民劳伤国。足温而心平，人佚而国宁。"

031 又云："根枯则枝朽，民困则国亡。"

按：本则出于《素书》。《素书·安礼》云："根枯枝朽，人困国残。"

032 又云："山峭者崩，泽[1]满者溢。"

[1]"泽"字，郝本作"海"字，误。

按：本则出于《素书》，文字略有不同。《素书·安礼》云："山峭者崩，泽满者溢。"

033 广成子曰："务善业（策）[1]者无恶事，有（恶事）[2]远虑者无近忧。"

[1]"策"字，据文义与引书改。

[2]"恶事"疑为衍文。

按：广成子，古代传说中的神仙。中国中医经典著作《黄帝内经》中，多有黄帝问道于广成子的对话。但查相关典籍，并无本则内容。《素书·安礼》云："务善策者无恶事，无远虑者有近忧。"本则与《素书》所云义近，应据《素书》改易所致。

034《史记》云："香饵之下，必有悬鱼；重赏之下，必有死夫。"

按：查《史记》并无本则内容。《三略·上略》引《军谶》曰："香饵之下，必有死鱼；重赏之下，必有勇夫。"《太平御览》卷二百八十《兵部十一·抚士上》引《军谶》曰:"香饵之下,必有悬鱼;重赏之下,必有勇夫。"《太平御览》卷三百七《兵部三十八·飨士》引《黄石公记》曰:"香饵之下,必有悬鱼;重赏之下,必有死夫。"《军谶》是中国古代的一部兵书,不知撰者,始见于《三略》,故将本则认定为出自《三略》更为恰当。

035 《老子》曰:"泥逐玺以圜方,流随源以清浊。"

按:查《老子》并无并则内容,本则出处待考。《吕氏春秋·离俗览》云:"古之君民者,仁义以治之,爱利以安之,忠信以导之,务除其灾,思致其福。故民之于上也,若玺之于涂也,抑之以方则方,抑之以圜则圜;若五种之于地也,必应其类,而蕃息十百倍。"《太平御览》卷六百二十《治道部一·君》引《吕氏春秋》云:"君者,仁义以治之,爱利以安之,忠信以道之。务除其灾致其福,故人之于上也,若玺之于涂也。抑之以方则方,以圆则圆。若五种之地,必应其类而蕃息百倍。此五帝三王之所以无敌也。"《贞观治要》卷五《诚信第十七》云:"太宗谓封德彝曰:'流水清浊,在其源也。君者政源,人庶犹水,君自为诈,欲臣下行直,是犹源浊而望水清,理不可得。'"

036 夫百寻之室,焚之于寸灯;千丈之波(坡)[1],溃之丁一穴。

[1] "波"字,当为"坡"之形误,"坡"同"陂",据文义校改。

按:本则出处待考,诸引书略同。《韩非子·喻老》云:"千丈之堤,以蝼蚁之穴溃;百尺之室,以突隙之烟焚。"《淮南子》卷十八《人间训》云:"千里之堤,以蝼蚁之穴漏;百寻之屋,以突隙之烟焚。"《太平御览》卷九百四十七《虫豸部四》引《抱朴子》云:"百寻之山,焚于分寸之飈;千丈之陂,溃于一蚁之穴。"

037 《史记》云:"我有猛犬,则孺子不来;国养邪臣,则贤良不至。"

按:本则并非出于《史记》,诸引书略同,出处待考。《韩非子·外储说右》云:"宋人有酤酒者,升概甚平,遇客甚谨,为酒甚美,悬帜甚高，然而不售，酒酸。怪其故，问其所知闾长者杨倩。倩曰：'汝狗猛耶？'曰：'狗猛，则酒何故而不售？'曰：'人畏焉。或令孺子怀钱挈壶甕而往酤，而狗迓而龁之，此酒所以酸而不售也。'夫国亦有狗，有道之士怀其术而欲以明万乘之主，大臣为猛狗，迎而龁之，此人主之所以蔽胁，而有道之士所以不用也。"《晏子春秋·景公问治国何患晏子对以社鼠猛狗第九》云："人有酤酒者，为器甚洁清，置表甚长，而酒酸不售。问之里人其故，里人云：'公之狗猛，人挈器而入，且酤公酒，狗迎而噬之，此酒所以酸而不售也。'夫国亦有猛狗，用事者是也。有道术之士，欲干万乘之主，而用事者迎而龁之，此亦国之猛狗也。左右为社鼠，用事者为猛狗，主安得无壅？国安得无患乎？"

038 《才府》曰："以仁为本，录在袁宏之文；以忠为基，明于孔丘之说。"

按：《才府》，历代史志均无著录，亦不知撰者、卷数，也不知何代佚书。本则或可补《才府》之阙佚。

039 《鬼谷子》曰："奔车之上无仲尼，覆舟之下无伯夷。"

按：《鬼谷子》，《隋书·经籍志》著录为三卷，《旧唐书·经籍志》《新唐书·经籍志》著录为二卷，共十四篇，今本缺第十三、十四篇，且不载本则内容。考本则见于《韩非子》《太平御览》《金楼子》。《太平御览》卷六百三十八《刑法部四·律令下》、卷七百六十八《舟部一·叙舟上》引《韩子》同。《金楼子》卷四《立言篇九下》云："夫奔车之上无仲尼，覆车之下无伯夷。故号令者，国之舟车也，安则廉贞生，危则争鄙起矣。"《太平御览》卷四百五十九《人事部一百·鉴戒下》引《淮南子》云："奔车之上无仲尼，覆舟之下无伯夷。"《太平御览》卷四百三十《人事部七十一·谨慎》引殷康《明慎》云："奔车之上无仲尼，覆舟之下无伯夷，益言慎也。"故本则或可补今本《鬼谷子》之阙佚。

040 《抱朴子》曰："识珍者拾浊水之明珠，别气者采秽薮之芳蕙。"

按：本则出于《抱朴子》，文字略有不同。《初学记》卷二十七《宝器部·珠第三》引《抱朴子》曰："识珍者必拾浊水之明珠，赏气者必采秽薮之芳蕙。"《意林》卷四引《抱朴子》云："识珍者必拾浊水之明珠，赏气者必将秽薮之芳蕙。"《太平御览》卷八百零三《珍宝部二·珠下》引《抱朴子》同。

041 彦（谚）曰："抱薪救火，薪不尽，火不灭。何可怪也。"

按：本则出于《史记》。《史记》卷四十四《魏世家第十四》云："苏代谓魏王曰：'欲玺者段干子也，欲地者秦也。今王使欲地者制玺，使欲玺者制地，魏氏地不尽则不知已。且夫以地事秦，譬犹抱薪救火，薪不尽，火不灭。'"《太平御览》卷八百六十八《火部一·火上》引《史记》云："苏代谓魏王曰：'夫以地事秦，犹抱薪救火，薪不尽，火不灭也。'"

042 梁王曰："家贫则思良妻，国乱则思良相。"

按：本则出于《史记》。《史记》卷四十四《魏世家第十四》云：魏文侯谓李克曰："先生尝教寡人曰'家贫则思良妻，国乱则思良相'。今所置非成则璜，二子何如？"

043 又云："任家之井，冬甜夏香；傅氏之泉，冬温夏冷。"

按：本则出处待考。

044 又云："王霸[1]仍，水满坛前，涸井苦则泉飞，校尉至竭衣。泉飞涸井，将军拔剑，水溢穷山。夏桀不义，火降帝城；殷辛政乱，棘生工略。"

[1] "王霸"，王本作"列霸"。

按：本则内容，王本释作：《类聚》卷八九《本部下·棘》引《周书》曰："程唐曰'文王在翟，梦南庭生棘，小子发取周庭之梓于阙间，化松柏柣，乍惊以告文王。文王召发于明堂，拜吉梦，受伤大命。秋朝十。'"

郝本释作："土霸"，《敦煌类书》释作"列霸"。

下篇　录文校笺篇

萧旭《敦煌写卷 S.1380〈应机抄〉补笺》认为：本卷有脱讹。"王霸仍，水满坛前"未详所当作。"至"为衍文。竭，当读为揭。疑当点作"校尉竭衣，泉飞涸井；将军拔剑，水溢穷山"。盖杂糅李广利、耿恭之典。《后汉纪》卷10："耿恭为戊校尉……恭于是城中穿井，十五丈不得水，吏士失色。"恭叹曰："昔苏武困于北海，犹能奋节，况恭拥兵近道而不蒙佑哉？闻贰师将军拔佩刀以刺山，而飞泉涌出，今汉神明，岂有当穷者乎？"乃整衣服，向井再拜，为吏士祷水，身自率士挽笼。有顷，飞泉涌出，大得水，吏士惊喜，皆称万岁。周庚信《周使持节大将军广化郡开国公丘乃敦崇传》："弯弧则戟破小支，抽剑则泉飞枯井。"亦用此二典。"校尉揭衣"即指耿恭整衣再拜而言也。"将军拔剑"即指李广利拔刀刺山而言也。"夏桀不义，火降帝城"者，《墨子·非攻下》载汤伐夏，"有神来告曰：'夏德大乱，往攻之，予必使汝大堪（戡）之。予既受命于天，天命融隆（降）火，于夏之城间西北之隅。'"孙诒让曰："王云：'降与隆通。'《国语·周语》内史过说夏亡，'回禄信于聆遂。'韦注云：'回禄，火神。聆遂，地名。'是融即回隆，此与《周语》所云即一事也"。"殷辛政乱，棘生王路"者，《墨子·非攻下》载殷纣失德，"棘生乎国道。"王氏引《周书》不切。

通过上述三者的比较，本文认为萧旭《敦煌写卷 S.1380〈应机抄〉补笺》一文对本则内容的考证已非常详细，故以其为准。

045 夫大风振而江海浦，暴雨兴而河洛溢。

按：本则出处待考。

046《尹文子》曰："刑严则冬雪夏淫，法乱则秋霜春落。伊生被害，甚雾便兴；陆子见诛，大风斯起。"

按：《尹文子》，战国尹文撰，《汉书·艺文志》著录为一篇，《隋书·经籍志》《旧唐书·经籍志》著录为二卷，《新唐书·经籍志》《宋史·艺文志》著录为一卷。今本《尹文子》仅一卷，且不载本则内容，故本则出处待考。《太平御览》八百七十八《咎徵部五·

雾》引《抱朴子》曰："伊尹受戮，大雾三日。"《太平御览》八百七十八《咎徵部五·雾》引《陆机别传》曰："机被诛日，大风折木，天地雾合。"

047 又云："煞不当理，则雷霆肆暴；诛不原情，则霜雹为害。"

按：本则出处待考。《汉书》卷二十七《五行志（中）》引京房《易传》曰："兴兵妄诛，兹谓亡法，厥灾霜，夏杀五谷，冬杀麦。诛不原情，兹谓不仁，其霜，夏先大雷风，冬先雨，乃陨霜，有芒角。"《晋书》卷二十九《志第十九》、《宋书》卷三十三《志第二十三》引京房《易传》同。

048 勾践，越之王也，妻犹织纴；安世，汉之公也，妇仍缉麻。

按：本则出处待考。《史记》卷四十一《越王勾践世家》云："身自耕作，夫人自织，食不加肉，衣不重采，折节下贤人，厚遇宾客，振贫吊死，与百姓同其劳。"《越绝书》卷四《越绝计倪内经第五》云："臣闻君自耕，夫人自织，此竭于庸力，而不断时与智也，时断则循，智断则备，知此二者，形于体万物之情，短长逆顺，可观而已。"《汉书》卷五十九《张汤传第二十九》云："安世尊为公侯，食邑万户，然身衣弋绨，夫人自纺绩，家童七百人，皆有手技作事，内治产业，累绩织微，是以能殖其货，富于大将军光。"《太平御览》卷四百七十一《人事部一百一十二·富上》引《汉书》同。

049 又云："铁为舟矣，不可乘之以利涉；锡作刀焉，不可奇之以剖割。"

按：本则出处待考。《淮南子》卷十一《齐俗训》云："柱不可以摘齿，筐不可以持屋；马不可以服重，牛不可以追速；铅不可以为刀，铜不可以为弩；铁不可以为舟，木不可以为釜：各用之于其所适，施之于其所宜，即万物一齐而无由相过。"《太平御览》卷三百四十六《兵部七十七·刀下》引《淮南子》曰："铅不可以为刀，铜不可以为弩，铁不可以为弓，木不可以为斧。"

050《老子》曰："圣人之宝非玉，贤者所珍，唯德唯道；子罕亢

下篇　录文校笺篇

辞，止（只）[1]用不贪为重；景纯发奏，宁持美丽为珍。"

［1］"止"字，当作"只"。王本与郝本皆据文义校改，"止"为"只"之借字。

按：本则并非出于《老子》，出处待考。《老子·道经》云："孔得之容，唯道是从。"《韩非子·喻老》云："宋之鄙人得璞玉而献之子罕，子罕不受。鄙人曰：'此宝也，宜为君子器，不宜为细人用。'子罕曰：'尔以玉为宝，我以不受子玉为宝。'是以鄙人欲玉，而子罕不欲玉。"《春秋左传·襄公十五年》云："宋人或得玉，献诸子罕。子罕弗受。献玉者曰：'以示玉人，玉人以为宝也，故敢献之。'子罕曰：'我以不贪为宝，尔以玉为宝，若以与我，皆丧宝也。不若人有其宝。'"《太平御览》卷四百二十五《人事部六十六·清廉上》、《太平御览》卷八百四《珍宝部三·玉上》引《春秋左传》同。

051 又云："因（周）[1]王据道德之城，谁其敢入；殷帝横仁义之剑，莫与争峰（锋）[2]。"

［1］"周"字，据文义与引书改。

［2］"峰"字，据原卷抄录，当作"锋"，王本径释作"锋"，"峰"为"锋"之借字。

按：本则典出《盐铁论》。《盐铁论》卷九《繇役第四十九》云："所谓利兵者，非谓吴、越之铤，干将之剑也。言以道德为城，以仁义为郭，莫之敢攻，莫之敢入。文王是也。以道德为胄，以仁义为剑，莫之敢当，莫之敢御，汤、武是也。"《太平御览》卷三百四十三《兵部七十四·剑中》引《盐铁论》略同。

052 古人云："铅刀木斧，终无断割之用；铜弩铁弓，莫有贯穿之期。"

按：本则出处待考。相关文献请参考 050 则。

053 《析言》曰："铎以声自毁，烛以明自销。"

按：本则出处待考，诸引书略同。《析言论》为佚书，晋议郎张显撰，《隋书·经籍志》著录为二十卷，《清史稿》著录为一卷。《淮南子》卷十《缪称训》云："铎以声自毁，膏浊以明自铄，虎豹之文来射，猿狄之捷来措。"《文子》卷六《上德》云："老子曰：'鸣铎以声自毁，膏烛以明自煎。'"《艺文类聚》卷八十《火部·烛》引《文子》曰：鸣铎以声自毁，兰膏以明自销。《太平御览》卷三百三十八《兵部六十九·铎》引《文子》曰："老子云：'鸣铎以声自毁，膏烛以明自消。'"《太平御览》卷四百五十九《人事部一百·鉴戒下》引《韩子》曰："吴铎以声自毁，膏烛以明自铄。"《太平御览》卷八百七十《火部二·烛》引《文子》曰："鸣铎以声自毁，膏烛以明自销。"

054 周赏于朝，殷伐[1]于市，一则劝君子，一则策小人。

[1]"伐"字，王本与郝本皆据文义改为"罚"，误。《说文解字》："伐，击也。从人持戈。一曰败也。"又云："戮，杀也。"《广雅·释诂》："伐，杀也。"故"伐"同"戮"。

按：本则典出《司马法》，文字略有不同。《司马法》天子之义第二云："夏赏于朝，贵善也；殷戮于市，威不善也；周赏于朝，戮于市，劝君子惧小人也。三王彰其德一也。"《神机制敌太白阴经》卷二《杂仪类》云："经曰：'夏赏于朝，赏善也。殷戮于市，戮不善也。周赏于朝，戮于市，兼质文也。'"《太平御览》卷八百二十七《资产部七·市》引《司马法》曰："殷戮于市，威不善也；周赏于朝，戮于市，劝君子，惧小人也。"

055《才府》曰："弘农山隈，公超隐路之处；长安巾内，伯休避名之所。"

按：《才府》，历代史志均无著录，亦不知撰者、卷数，也不知何代佚书。本则出处待考。

考"弘农山隈，公超隐路之处"，《后汉书》卷三十六《张楷传》云："楷字公超，通严氏春秋、古文尚书，门徒常百人……司隶举茂才，除长陵令，不至官。隐居弘农山中，学者随之，所居成市，后华阴山南遂有公超市。五府连辟，举贤良方正，不就。"《初学记》卷五《地理上·华山第五》引范晔《后汉书》曰："张楷，字公超，隐居弘农山。学者随之，所居成市。能为五里雾，后华山南遂有公超雾市。千叶莲见叙事。"又有《太平御览》相关章节引《后汉书》与前二者略同，在此不一一赘述。

考"长安市内，伯休避名之所"，《后汉书》卷八十三《逸民列传第七十三》云："韩康字伯休，一名恬休，京兆霸陵人。家世著姓。常采药名山，卖于长安市，口不二价，三十余年。时有女子从康买药，康守价不移，女子怒曰：'公是韩伯休那？乃不二价乎？'康叹曰：'我本欲避名，今小女子皆知有我，何用药为？'乃遁入霸陵山中。"《艺文类聚》卷八十一《药香草部上·药》引《高士传》曰："韩康，字伯休，京兆灞陵人，常采药名山，卖于长安市，口不二价，三十余年。时女子从康买药，康守价不移，女子怒曰：'公是韩伯休耶？乃不二价？'康叹曰：'我本避名，今女子皆知有我，何用药为？'乃遁入灞陵山中。"《太平御览》卷八百二十八《资产部八·卖买》引《高士传》略同。

056 又云："聂政避仇，鼓刀屠肉；赵岐去难，依市卖饼。"

按：本则出处待考。

考"聂政避仇，鼓刀屠肉"，《战国策》卷二十七《韩二》云："至齐，齐人或言：'轵深井里聂政，勇敢士也，避仇隐于屠者之间。'"《太平御览》卷四百七十三《人事部一百一十四·游侠》引《战国策》义近。《史记》卷八十六《刺客列传第二十六》云："聂政者，轵深井里人也。杀人避仇，与母、姊如齐，以屠为事。"《初学记》卷二十四《居处部·市第十五》引《史记》略同。

考"赵岐去难，依市卖饼"，《后汉书》卷六十四《吴延史卢赵列传第五十四》云："赵岐字邠卿，京兆长陵人也……岐遂逃难四方，江、淮、海、岱，靡所不历。自匿姓名，卖饼北海市中。"《太平御览》卷八百二十七《资产部七·市》引《魏略》曰："赵岐逃难，江淮海岱，靡所不历。自匿姓名，卖饼北海市中。"

057 又云："魏文侯犹废酒而赴期[1]，周武王尚冒雨而存信；太昊蛇身，不妨有圣；炎农牛首，谁谓无神。汤塚唯高七尺，桐棺正厚三寸，非不欲荣，慕从节俭；轩辕膝行，谒广成于崆峒；周王趋拜，揖尚父于磻溪。"

[1] "期"字，王本作"朝"字，误。《说文》曰："期，会也。"段注："会者，合也，期者，邀约之意，所以为会合也。"

按：本则出处待考。

考"魏文侯犹废酒赴期"，《战国策》卷二十二《魏一》云："文侯与虞人期猎。是日，饮酒乐，天雨。文侯将出，左右曰：'今日饮酒乐，天又雨，公将焉之？'文侯曰：'吾与虞人期猎，虽乐，岂可不一会期哉！'乃往，身自罢之。魏于是乎始强。"《艺文类聚》卷六十六《产业部下·田猎》、《太平御览》卷四百六十八《人事部一百九·乐》、《太平御览》卷八百三十一《资产部十一·猎上》引《战国策》略同。

考"周武王尚冒雨而存信"，《吕氏春秋·慎大览第三》云："武王至鲔水，殷使胶鬲候周师，武王见之。胶鬲曰：'西伯将何之？无欺我也。'武王曰：'不子欺，将之殷也。'胶鬲曰：'曷至？'武王曰：'将以甲子至殷郊，子以是报矣！'胶鬲行。天雨，日夜不休，武王疾行不辍。军师皆谏曰：'卒病，请休之。'武王曰：'吾已令胶鬲以甲子之期报其主矣。今甲子不至，是令胶鬲不信也。胶鬲不信也，其主必杀之。吾疾行以救胶鬲之死也。'武王果以甲子至殷郊。"《太平御览》卷十《天部十·雨上》引《吕氏春秋》略同。

考"太昊蛇身，不妨有圣"，《金楼子》卷一《兴王篇一》云："太昊帝庖牺氏……蛇身人首，有圣德。"又有《太平御览》卷七十八《皇王部三·太昊庖牺氏》引《皇王世纪》曰："太昊帝庖牺氏，风姓也，蛇身人首，有圣德，都陈。"《艺文类聚》卷十一《帝王部一·太昊庖牺氏》引《帝王世纪》曰："太昊帝庖羲氏，风姓也，蛇身人首，有圣德，都陈，作瑟三十六弦。"

考"炎农牛首,谁谓无神",《金楼子》卷一《兴王篇一》云:"姜姓也,母曰女登,为少典妃。游华阳,有神龙感女登,生炎帝,人身牛首,有圣德,以火承木,都陈,迁鲁。嘉禾生,醴泉出。在位百二十年。"《宋书》卷二十七《志第十七·符瑞上》、《艺文类聚》卷十一《帝王部一·神农氏》、《初学记》卷九《帝王部》、《太平御览》卷七十八《皇王部三·炎帝神农氏》所述与《金楼子》略同。

考"汤塚唯高七尺,桐棺正厚三寸,非不欲荣,慕从节俭",《水经注》卷二十三引《皇览》曰:"薄城北郭东三里平地有汤冢。冢四方,方各十步,高七尺,上平也。"《金楼子》卷一《兴王篇一》云:"汤乃兴师率诸侯伐桀……崩,葬于济阴亳县东北郭,去县三里,冢高七尺。汉哀帝时遣大司空行汤冢。"《太平御览》卷五百六十《礼仪部三十九·冢墓四》引《皇览·冢墓记》曰:"汤冢在济阳薄县北郭。冢四方,方八十步,高七尺,上平。"

考"轩辕膝行,谒广成于崆峒",《庄子外篇·在宥第十一》云:"黄帝立为天子十九年,令行天下,闻广成子在于空同之山,故往见之……广成子南首而卧,黄帝顺下风膝行而进,再拜稽首而问曰:'吾闻子达于至道,敢问,治身奈何而可以长久?'"《艺文类聚》卷七十八《灵异部上·仙道》引《庄子》略同。

考"周王趋拜,揖尚父于磻溪",《宋书》卷二十七《志第十七·符瑞上》云:"王至于磻溪之水,吕尚钓于涯,王下趋拜曰:'望公七年,乃今见光景于斯。'"

058 古人云:"还家织网,获鱼之日非遥;龙(垄)[1]野而耕,得谷之秋不远,岂虚言哉!"

[1]"垄"字据文义改。

按:本则出处待考。《汉书》卷二十二《礼乐志第二》云:"古人有言:'临渊羡鱼,不如归而结网。'"《汉书》卷五十六《董仲舒传第二十六》亦引。《论衡》卷十一《答佞篇第三十三》云:"知力耕可以得谷,勉贸可以得货,然而必盗窃,情欲不能禁者也。"

《应机抄》卷上（？）

059 夫鸟高飞者，以避矰缴之灾；鼠深穴者，以免熏毁（凿）[1]之患。

[1]"毁"字，萧旭《敦煌写卷 S.1380〈应机抄〉补笺》据《庄子》校作"凿"。本书也认为这样较为恰当，"熏凿之患"，即挖掘和烟熏火燎的祸患。

按：本则出于《庄子》，文字略有不同。《庄子内篇·应帝王第七》云："且鸟高飞以避矰弋之害，鼷鼠深穴乎神丘之下以避熏凿之患，而曾二虫之无知！"《艺文类聚》卷九十五《兽部下·鼠》、《太平御览》卷九百一十一《兽部二十三·鼠》引《庄子》略同。

060 夫蚌含珠而不剖，则不能发曜幽之明；金蕴石而木断，则不能有利物之用。

按："金蕴石而未断，则不能有利物之用"待考。《北堂书钞》卷一百六十《地部四》引皇甫谧《高士传》曰："夫蚌含珠而不剖，则不能发曜幽之明。"

061 又云："廊庙之材出于山林，璧玉之珍资于荆石。"

按：本则出处待考。《慎子·知忠》云："故廊庙之材，盖非一木之枝也；粹白之裘，盖非一狐之皮也；治乱安危、存亡荣辱之施，非一人之力也。"《艺文类聚》卷九十五《兽部下·狐》、《太平御览》卷九百九《兽部二十一·狐》引《慎子》略同。《汉书》卷一百上《叙传第七十上》云："宾又不闻和氏之璧韫于荆石，随侯之珠藏于蚌蛤乎？"

062 夫受金行秽，非贞士之操；背主行私，岂忠臣之节。

按：本则出于《典语》，文字略有不同。《意林》卷六引《典语》云："荣辱所以化君子，赏罚所以御小人。受金行秽，非贞士之操；背主事仇，非忠臣之节。唯高帝用陈平，齐桓有管仲耳。"

063 夫白首人，非一稔之来；高世之士，非一行所致。

按：本则出处待考。

064 《符子》曰："有文无武，何以缉乱；有武无文，何以镇静。"

按：本则出处待考。《晋书·苻朗载记》："著《苻子》数十篇行于世，亦老庄之流也。"《苻子》，又作"符子"，《隋书经籍志》："《符子》二十卷，东晋员外郎符朗撰，亡。"《说苑》卷一《君道》云："夫有文无武，无以威下，有武无文，民畏不亲，文武俱行，威德乃成。"

065 古人云："贤士之居礼世，亦犹金玉之生沙砾。吴人之习，非事同鱼鳖；蜀人之乐，类以（与）[1]禽兽。"

[1]"以"字，当作"与"字，"以"为"与"之借字。王本多录一个"与"字。

按：本则出处待考。

066 夫以此不闲[1]，遣彼所习，猛虎浮河，不如凫雁。

[1]"闲"字，古同"娴"，熟习，文雅。

按：本则出处待考。

067 刑罚者，小人之防；礼乐者，君子之仪。

按：本则出处待考。《意林》卷六引《新言》云："刑者，小人之防；礼者，君子之稔。佞人之入，虽燃膏莫见其清也。"

068 文德可以为腹心，武功可以为爪牙。

按：本则出处待考。《资治通鉴》卷二百三《唐纪十九》云："宰相，陛下之腹心；刺史、县令，陛下之手足；未有无腹心手足而能独理者也。"《汉书》卷五十四《李广苏建传第二十四》云："上报曰：'将军者，国之爪牙也。'"《汉书》卷七十《傅常郑甘陈段传第四十》云："太中大夫谷永上疏讼汤曰：'臣闻楚有子玉得臣，文公为之仄席而坐；赵有廉颇、马服，强秦不敢窥兵井陉；近汉有郅都、魏尚，匈奴不敢南乡沙幕。由是言之，战克之将，国之爪牙，不可不重也。'"

069 文王载吕望于磻溪，成汤骋（聘）[1]伊尹于新（莘）[2]野。

[1]"聘"字，据文义与引书改。

[2]"莘"字，据引书改，新野与莘野并非同一地方。

按：本则出处待考。《宋书》卷二十七《志第十七·符瑞上》云："王至于磻溪之水，吕尚钓于涯，王下趋拜曰：'望公七年，乃今见光景于斯。'"《孟子·万章上》云："伊尹耕于有莘之野，而乐尧、舜之道焉……汤使人以币聘之，嚣嚣然……汤三使往聘之，既而幡然改曰：'与我处畎亩之中，由是以乐尧、舜之道，事岂若使是君为尧、舜之君哉？'"

070 《三略》曰："逢礼（乱）[1]则习武，遇治则肆文，君子之行也。"

[1] 萧旭《敦煌写卷S.1380〈应机抄〉补笺》：禮，原卷作"礼"，疑当为"乱"形误，与"治"对举成义。

按：查《三略》并无本则内容，故本则出处待考。

071 古之交也求贤，今之交也求利。

按：本则出于《中论》，文字略有不同。《中论·谴交第十二》云："故古之交也近，今之交也远；古之交也寡，今之交也众；古之交也为求贤，今之交也为名利而已矣。"

072 晏子曰："非其义者不受其利，非其道者不贱（践）[1]其土。"

[1] "贱"字，据原卷抄录，当据文义与引书改为"践"，王木与郝本径释作"践"。

按：本则并非晏子之言，应典出《庄子》。《庄子杂篇·让王第二十八》云："务光辞曰：'废上，非义也；杀民，非仁也；人犯其难，我享其利，非廉也。'吾闻之曰：'非其义者，不受其禄，无道之世，不践其土。'"《吕氏春秋·离俗览》、《太平御览》卷四百二十四《人事部六十五》引务光之言同。

073 夫与君子之游者，如入兰芷之室，久而弥闻其芳；与小人之交者，如入鲍鱼之肆，久而转闻[1]其臭。

[1] 郝本："转"，当作"闻"，《敦煌类书》据文义校改。萧旭《敦煌写卷S.1380〈应机抄〉补笺》：转、弥对举成义，犹言逾也、益也、更也。"转"下脱"闻"字。王校、郝校并失之。

按：本则出处待考。《大戴礼记·曾子疾病第五十七》云："与君子游，苾乎如入兰芷之室，久而不闻，则与之化矣；与小人游，贷乎如入鲍鱼之次，则与之化矣；是故君子慎其所去就。"《艺文类聚》卷二十一《人部五·交友》、《太平御览》卷四百六《人事部四十七》引《大戴礼记》同。《意林》卷一引《曾子》云："君子之游，苾乎如入兰芷之室，久而不闻，则与之化矣；小人之游，戏乎如入鲍鱼之室，久而不闻，则亦化矣；故君子慎其去就也。"又有《说苑》卷十七《杂言》云："孔子曰：'不知其子，视其所友；不知其君，视其所使。'又曰：'与善人居，如入兰芷之室，久而不闻其香，则与之化矣。与恶人居，如入鲍鱼之肆，久而不闻其臭，亦与之化矣。'"

074 《管子》曰："夫朋友之道有四：'近则正之，远则称之，乐则思之，患则救之。'"

按：《管子》，原86篇，今本实存76篇，且不载本则内容。《白虎通义·谏诤》云："朋友相为隐者，人本接朋结友，为欲立身扬名也。朋友之道有四焉，通财不在其中，近则正之，远则称之，乐则思之，患则死之。"又有《初学记》卷十八《人部中·交友第二》、《太平御览》卷四百六《人事部四十七》引《白虎通》略同。故本则典出《白虎通义》。

075 世人交，初虽（隆）[1]而后薄，始密而终疏，何其贱也。

[1]"虽"字，当作"隆"，据文义与引书改。

按：本则出处待考。《太平御览》卷四百六《人事部四十七》引《刍荛论》云："凡人之结交，诚宜盛不忘衰，达不弃穷，不疑惑于谗构，不信受于流言，经长历远，久而逾固。而人多初隆而后薄，始密而终疏，斯何故也？"

076 夫上之化下，用力不难；下之化上，终成叵得。

按：本则出处待考。《盐铁论》卷六《散不足第二十九》云："夫上之化下，若风之靡草，无不从教。"

077 古人云："身劳则[1]悴，眼劳则泪，理之然也，何可怪乎？"

[1]"则"字,王本释作"则则",误。

按:本则出处待考。

078 杨子曰:"天地虽广,无安心之处;日月虽明,无照心之功。何则然也?心无形故尔。"

按:杨子即杨朱,战国时期魏国人,他的见解散见于《庄子》《孟子》《韩非子》《吕氏春秋》等书,经查询,上述书籍并无本则内容,故本则出处待考。

079 又云:其心非形,故然(能)[1]苞含天地;心非可见,故能鉴知日月。

[1]"能"字,据文义改。

按:本则出处待考。

080 方言曰:"富贵长憍[1]逸,贪欲长怨憎,宜可慎之。"

[1]"憍"字,古同"骄"。

按:本则出处待考。《老子·道经》云:"持而盈之,不如其已;揣而锐之,不可长保。金玉满堂,莫之能守;富贵而骄,自遗其咎。功遂身退,天之道也。"

081 古人云:"水火相近必相害,荣宠相近必相败。"

按:本则出处待考。

082 颜子曰:"石下之兰,抽心难出;谗言之侧,宁申正直。"

按:颜回,字子渊,又称颜子,他的只言片语,收集在《论语》等书。查相关史籍,并无本则内容,故出处待考。

083 《老子》曰:"夫道非远近,近则取之,远则舍之,无取无舍,可谓道矣。"

按:本则非《老子》之文,出处待考。

084 杨子曰:"父以道生我,母以道育我,父母行处,我亦行之,所以衣食以养尊,丧葬以报恩。"

按:本则出处待考。《论语·为政第二》云:孟懿子问孝,子曰:"无违。"樊迟曰:"何谓也?"子曰:"生事之以礼,死葬之以礼,祭之以礼。"

085 又云："父母之恩，生非衣食能报，死非埋殡能酬。"

按：本则出处待考。《诗经·小雅·谷风之什》云："父兮生我，母兮鞠我。抚我畜我，长我育我，顾我复我，出入腹我。欲报之德。昊天罔极！"本则内容与《诗经》所述义近。

086《韩子》曰："道之于人，不亲不疏，其能修者，方为证焉。"

按：本则非《韩子》之文，出处待考。

087 夫君子之交，固于胶柒（漆）[1]，牢于金石，穷达不改，毁誉无异也。

[1]"柒"字，当作"漆"，敦煌文书中，"漆"同"柒"。

按：《太平御览》卷四百六《人事部四十七》引《谯子·齐交》曰："譬之于物，犹素之白也，染之以蓝则青……此言虽小，可以喻大。必得其人，千里同好，固于胶漆，坚于金石，穷达不阻其分，毁誉不疑其实。"《艺文类聚》卷二十一《人部五·交友》引谯子之言，曰："交得其人，千里同好，固于胶漆，坚于金石，贡公之于王吉，可谓推贤矣。"本则疑为作者在《谯子法训》的基础上改易所致。

088 又云："温不增花[1]，寒不改叶，贯四时而不衰，历夷险而益固。"

[1]"华"，古同"花"。

按：《太平御览》卷四百六《人事部四十七》引《要览》曰："诸葛亮曰：'势利之交，难以经远。士之相知，温不增华，寒不改叶，能贯四时而不衰，历夷险而益固。'"《艺文类聚》卷二十一《人部五·交友》引《贾览》曰："势利之交，难以经远，士之相知，温不增华，寒不改叶，贯四时而不衰，历夷险而益固。"《太平御览》与《艺文类聚》分别作《要览》《贾览》，二者不合，"贾览"疑为误抄所致，故本则出于《要览》。

089《才府》曰："庐岳赪鱼钓耳（饵）[1]不能死，罗山白鸭众能羁。"

[1]"饵"字，据文义改。

按：本则或为佚文，出处待考。

090 《傅子》曰："人皆知涤其外器，莫知洗其内心。"

按：本则出自《傅子》，文字略有不同。《太平御览》卷三百七十六《人事部一十七·心》引《傅子》曰："人皆知涤其器，而莫知洗其心。"

091 夫以信佞（接）[1]人则天下顺，以不信交人则邻里疏。

[1]"佞"字，当作"接"，据文义改，王本径释作"接"。

按：本则出处待考。

092 夫孝子之道，思父母之颜，不忘于目；念父母之声，不忘于耳。

按：本则出处待考。

093 夫家贫亲老，不择官而仕；负重涉远，不择地而息。

按：本则子路之言，出于《孔子家语》，文字略有不同。《孔子家语》卷二《致思第八》云："子路见于孔子曰：'负重涉远，不择地而休；家贫亲老，不择禄而仕。'"《太平御览》卷四百一十二《人事部五十三·孝上》引《孔子家语》同。《说苑》卷三《建本》云："子路曰：'负重道远者，不择地而休；家贫亲老者，不择禄而仕。'"

094 又云："以孝事君则忠，以敬事长则顺。"

按：本则出于《孝经》。《孝经·士章第五》云："故以孝事君则忠，以敬事长则顺。"

095 《孟子》曰："善畜离兽者，必先去豺狼；善养万民者，远除谗佞（佞）[1]。"

[1]"佞"字，当作"佞"，为"佞"的讹字，王本径释作"佞"。

按：本则并非出于《孟子》，出处待考。《文子》卷十一《上义》引老子之言曰："夫畜鱼者，必去其蝙獭，养禽兽者，必除其豺狼，又况牧民乎？"《淮南子》卷十五《兵略训》所述与《文子》略同。

096 夫大之伐小，犹大鱼之吞小鱼；强之凌弱，譬猛虎之食鸡肫。

下篇　录文校笺篇

按：本则内容与《说苑》所云义近。《说苑》卷十五《指武》云："王孙厉谓楚文王曰：'徐偃王好行仁义之道，汉东诸侯三十二国尽服矣。王若不伐，楚必事徐。'王曰：'若信有道，不可伐也。'对曰：'大之伐小，强之伐弱，犹大鱼之吞小鱼也，若虎之食豚也。恶有其不得理！'"

097《史记》曰："以言取人，失之宰予；以貌取人，失之子羽。然取才不以貌，简德不在言。"

按：《史记》卷六十七《仲尼弟子列传第七》云："南游至江，从弟子三百人，设取予去就，名施乎诸侯。孔子闻之，曰：'吾以言取人，失之宰予；以貌取人，失之子羽。'"《韩非子·显学》《孔子家语》卷五《子路初见第十九》亦引，内容顺序不同。故本则应出于《史记》，但"然取才不以貌，简德不在言"疑为作者意增。

098《典言》曰："孝子之养父母，必须冬温夏清，寒暑不失其宜；昏定晨省，朝夕也不离其侧。"

按：本则出处待考。《隋书·经籍志》著录有《典言》四卷（后魏人李穆叔撰）、《典言》四卷（后齐中书郎荀士逊等撰），《旧唐书·经籍志》著录有《典言》四卷（李若等撰）、《新唐书·经籍志》著录有李穆叔《典言》四卷，唐代以后的史籍中并无记载，故为佚籍。《初学记》卷十七《人部上·忠第三》云："资父事君，实曰严敬；求忠出孝，义兼臣子。是以冬温夏清，尽事亲之节；进思将美，怀出奉之义。是知理合君亲，忠孝一体，性与率由，恩义致极。"《太平御览》卷二十六《时序部十一·冬》引《礼记》云："夫为人子之礼，冬温夏清。"《新语·慎微第六》云："曾子孝于父母，昏定晨省，调寒温，适轻重，勉之于糜粥之间，行之于衽席之上，而德美重于后世。"故本则或可补《典言》之阙佚。

099 夫仕人之礼，不见利以亏节，不背公而殉私。

按：本则出处待考。

100 谚曰：黄金累千，不如一贤。

按：本则出处待考，诸引书内容相同。《意林》卷五引《傅子》云："黄金累千，不如一贤。"《艺文类聚》卷二十《人部四·贤》引《物理论》云："贤人为德，体自然也，故语曰：'黄金累千，不如一贤。'"《太平御览》卷四百二《人事部四十三》引《物理论》曰："在金石曰坚，在草木曰紧，在人曰贤。千里一贤，谓之比肩。故语曰：'黄金累千，不如一贤。'"《初学记》卷十七《人部上·贤二》引《吕氏春秋》曰："信贤而任之，君之明也；议贤而下之，臣之忠也。又曰：'得地千里，不如得一贤士。'又语曰：'黄金累千，不如一贤。'"

101　《尚书》云："木从绳则正，君[1]受谏则圣。"

　　[1]"君"与"后"义同，"后"字，上古称君主。

　　按：本则出于《尚书》。《尚书·商书·说命上第十二》云："说复于王曰：'惟木从绳则正，后从谏则圣。后克圣，臣不命其承，畴敢不祗若王之休命？'"

102　夫水决则流，丝练乃变，人之情欲，亦欲如是。

　　按：本则出处待考。《抱朴子·勖学》云："水则不决不流，不积不深。"

103　魏文子曰："甘蔗虽甘，终不可杖；佞（佞）[1]言虽美，卒不可养。"

　　[1]"佞"字，当作"佞"，为"佞"的讹字，王本径释作"佞"。

　　按：本则出处待考。《艺文类聚》卷六十九《服饰部上·杖》引汉刘向《杖铭》曰："历危乘险，匪杖不行，年耆力竭，匪杖不彊，有杖不任，颠跌谁怨，有士不用，害何足言，都蔗虽甘，殆不可杖，佞人悦己，亦不可相，杖必取便，不必用味，士必任贤，何必取贵。"《曹子建集·矫志》云："都蔗虽甘，杖之必折。巧言虽美，用之必灭。"《艺文类聚》卷二十三《人部七·鉴诫》、《艺文类聚》卷八十七《果部下·甘蔗》、《太平御览》卷九百七十四《果部十一·甘蔗》引曹植诗同。

下篇　录文校笺篇

104 夫为人之法，目不视恶色，耳不听淫声，口不出恶言，身不为恶业，可谓仁矣。

按：本则出处待考。《荀子》第十四《乐论第二十》云："故君子耳不听淫声，目不视女色，口不出恶言。此三者，君子慎之。"本则内容与《荀子》所云义近。

105 《尸子》曰："无功之贵，不义之富，祸之基也。"

按：《尸子》一书早佚，后由唐代魏徵、清代惠栋、汪继培等辑成，今本《尸子》并无本则内容。《初学记》卷十八《人部中·富第五》引《春秋左氏传》曰："齐庆氏亡，分其邑与晏子，晏子不受。人问曰：'富者，人所欲也，何为不受？'对曰：'无功之赏，不义之富，祸之媒也。我非恶富，恐失富也。'"本则内容与《初学记》所云义近，或可补《尸子》之阙佚。

106 谚曰："猛虎捕[1]鼠不如猫儿，麒麟缘木不如猿猴，各有其用，非可一乎！"

[1] "捕"字，王本径释作"补"，误。

按：《庄子外篇·秋水第十七》云："梁丽可以冲城，而不可以窒穴，言殊器也；骐骥骅骝，一日而驰千里，捕鼠不如狸狌，言殊技也。"《淮南子》卷九《主术训》云："人有其才，物有其形，有任一而太重，或任百而尚轻。是故审毫厘计者，必遗天下之大数；不失小物之选者，惑于大数之举。譬犹狸之不可使搏牛，虎之不可使捕鼠也。"本则内容与《庄子》《淮南子》所云义近。

107 《史记》曰："分财不争，方知其廉；临事能决，方知其勇。"

按：本则并非出自《史记》，出处待考。

108 《新语》曰："夫谷非地种之不生，人非师教之不能成。"

按：本则出处待考。《管子·八观》云："彼民非谷不食，谷非地不生，地非民不动，民非作力，毋以致财。"《礼记·礼运第九》云："故天生时而地生财，人其父生而师教之，四者，君以正用之，故君者立于无过之地也。"

109 苏秦曰："君子争名于朝，小人争利于市。"

按：本则非苏秦之语。《战国策》卷三《秦一》引张仪语曰："臣闻'争名者于朝，争利者于市。'今三川、周室天下之市朝也，而王不争焉，顾争于戎狄，去王业远矣。"故本则疑为在《战国策》基础上改易所致。

110 《论语》曰："揖让而升，下而饮，其争也君子。"

按：本则出于《论语》。《论语·八佾》云："子曰：'君子无所争。必也射乎！揖让而升，下而饮。其争也君子。'"

111 古人云："日中则移，月满则亏，人之荣利，亦复如是。"

按：本则出处待考。《文子》卷三《九守》云："老子曰：'天道极即反，盈即损，日月是也……夫物盛则衰，日中则移，月满则亏，乐终而悲。'"《史记》卷七十九《范雎蔡泽列传第十九》云："语曰'日中则移，月满则亏'。物盛则衰，天地之常数也。进退盈缩，与时变化，圣人之常道也。"《战国策》卷五《秦三》所述与《史记》同。"人之荣利，亦复如是"疑为作者意增。

112 夫鸟同翼者聚飞，兽同足者俱行。

按：本则出于《战国策》。《战国策》卷十《齐二》云："淳于髡曰：'不然，夫鸟同翼者而聚居，兽同足者而俱行。'"《太平御览》卷六百三十二《治道部十三》引《战国策》同。

113 谚曰："见菟（兔）[1]呼犬未为迟；失马失才（牛）[2]，始补栏枥，何其晚也。"

[1] "菟"字，通"兔"，土本诠释作"兔"。

[2] "财"字，当作"牛"，王本与郝本皆据文义校改。

按：本则出处待考。《战国策》卷十七《楚四》云：庄辛对曰："臣闻鄙语曰：'见兔而顾犬，未为晚也；亡羊而补牢，未为迟也。'"《太平御览》卷四百九十五《人事部一百三十六·谚上》引《战国策》同。

114 亡名子曰："怀重宝者不夜行，任大功者不轻敌。"

下篇　录文校笺篇

按：查相关史籍，并无亡名子相关言论，本则应出于《战国策》，为苏秦之言。《战国策》卷十九《赵二》云："臣闻怀重宝者，不以夜行；任大功者，不以轻敌。是以贤者任重而行恭，知者功大而辞顺。故民不恶其尊，而世不妒其业。"《太平御览》卷三百十七《兵部四十八·攻围上》引《战国策》同。

115 又云："贤者任重而益恭，智[1]者功大而辞顺。"

[1]"知"，古通"智"。

按：参见115则。

116 夫士之立行也，严刑不足以易其採（操）[1]，财利不足以变其心。

[1]"操"字，据文义改，王本径释作"操"。

按：本则出处待考。《战国策》卷十九《赵二》引周绍之言，曰："知虑不躁达于变，身行宽惠达于礼，威严不足以易于位，重利不足以变其心，恭于教而不快，和于下而不危。"本则内容与《战国策》所云义近。

117 太公曰："臣之事君，不逆上以自成（伐）[1]，不立私以要名。夫子立私者家必衰，臣立私者国必危。"

[1]"成"字，当作"伐"，疑为"伐"字形误，王本与郝本皆作"成"。自伐，自我夸耀功绩。

按：本则出于《战国策》，文字略同，并非太公之言。《战国策》卷十九《赵二》云："赵燕后胡服，王令让之曰：'事主之行，竭意尽力，微谏而不哗，应对而不怨，不逆上以自伐，不立私以为名。子道顺而不拂，臣行让而不争。子用私道者家必乱，臣用私义者国必危。'"

118 又云："君以臣忠为明，父以子孝为美。"

按：本则出处待考，内容与《战国策》所述义近。《战国策》卷五《秦三》云："蔡泽曰：'主圣臣贤，天下之福也；君明臣忠，国之福也；父慈子孝，夫信妇贞，家之福也。'"

119 颜子曰："阴阳不和，则卉木不荣；君臣不和，则人（民）[1]庶不宁。"

[1]"人"字，当作"民"，王本与郝本皆据相关典籍校改。

按：本则出处待考。《汉书》卷六十三《武五子传第三十三》云："阴阳不和，则万物夭伤；父子不和，则室家丧亡。"《庄子杂篇·渔父三十一》云："阴阳不和，寒暑不时，以伤庶物，诸侯暴乱，擅相攘伐，以残民人，礼乐不节，财用穷匮，人伦不饬，百姓淫乱，天子有司之忧也。"《汉书》《庄子》所述与"阴阳不和，则卉木不荣"义近。

考"君臣不和，则人（民）庶不宁"，《淮南子》卷八《本经训》云："是故上下离心，气乃上蒸，君臣不和，五谷不为。"《文子》卷九《下德》云："老子曰：'阴阳陶冶，万物皆乘一气而生。上下离心，气乃上蒸。君臣不和，五穀不登，春肃秋荣，冬雷夏霜，皆贼气之所生也。'"

120 又云："父子不和，则室家丧亡[1]，兄弟不和，则外有恶名。"

[1]"丧亡"，据引书补，此处王本与郝本皆作"不兴"。

按：本则出处待考。《汉书》卷六十三《武五子传第三十三》云："阴阳不和，则万物夭伤；父子不和，则室家丧亡。"

121 又云："夫妇不和，内无恩情；朋友不和，怨憎立生。"

按：本则出处待考。《说苑》卷十《敬慎》云："桓公曰：'金刚则折，革刚则裂，人君刚则国家灭，人臣刚则交友绝。'夫刚则不和，不和则不可用。是故四马不和，取道不长；父子不和，其世破亡；兄弟不和，不能久同；夫妻不和，家室大凶。"

122 太公曰："道自微而生，祸自微而成。"

按：本则为太公之言，出于《太公金匮》。《艺文类聚》卷二十三《人部七·鉴诫》引《太公金匮》云："吾闻道自微而生，祸自微而成。"《意林》卷一引《太公金匮》云："道自微而生，祸自微而成，慎终与始完如金城。"

123 蓬生麻中，不扶自直；白沙投泥，不染自黑。

按：本则出于《曾子》，文字略有不同。《大戴礼记·曾子制言上》引曾子之言，云："蓬生麻中，不扶自直，白沙在泥，与之皆黑；是故人之相与也，譬如舟车然，相济达也，己先则援之，彼先则推之；是故，人非人不济，马非马不走，土非土不高，水非水不流。"《艺文类聚》卷八十二《草部下·蓬》引《曾子》曰："蓬生麻中，不扶自直，白沙在泥，与之皆黑。"《太平御览》卷九百九十七《百卉部四·蓬》引《曾子》同。

124 夫国有道，以义卒身；国无道，以身卒义。

按：本则出处待考。《意林》卷一引《子思子》云："国有道，以义率身；无道，以身率义；荀息是也。"《淮南子》卷十《缪称训》云："故世治则以义卫身，世乱则以身卫义。"《文子》卷四《符言》引老子之言，曰："生所假也，死所归也。故世治即以义卫身，世乱即以身卫义。死之日，行之终也。"《太平御览》卷四百二十一《人事部六十二·义中》引《文子》同。

125 晏子曰："临难铸兵，临渴掘井，安可卒济？"

按：本则为晏子之言，出于《晏子春秋》，文字略有不同。《晏子春秋》卷五《内篇杂上第五》云：晏子对曰："不然。夫愚者多悔，不肖者自贤，溺者不问墜，迷者不问路。溺而后问墜，迷而后问路，譬之犹临难而遽铸兵，噎而遽掘井，虽速亦无及已。"

126 子思曰："以狐为狸者，非直不知狐，亦不知狸也。"

按：本则出于《子思子》，为子思之言，文字略有不同。《太平御览》卷九百一十二《兽部二十四·狸》引《子思子》曰："谓狐为狸者，非直不知狸也，忽得狐复失狸者也。"

127 夫仓廪实知礼节，衣食足知荣辱。

按：本则为管仲之言，出于《管子》。《管子·牧民》云："国多财则远者来，地辟举则民留处，仓廪实则知礼节，衣食足则知荣辱，上服度则六亲固，四维张则君令行。"《意林》卷一引《管子》云：

"仓库实知礼节,国多财远者来,衣食足知荣辱。"

128 夫有法度之制者,不可改之以作伪;有权衡之秤者,不可欺之以轻重。

按:本则出于《管子》,文字略有不同。《管子·明法》云:"威不两错,政不二门。以法治国则举措而已。是故有法度之制者,不可巧以诈伪;有权衡之称者,不可欺以轻重;有寻丈之数者,不可差以长短。"《意林》卷一引《管子》云:"先王治国威不两措,政不二门,有法度之制者,不可巧以诈伪;有权衡之称者,不可欺以轻重;有寻尺之数者,不可差以短长也。"

129 《孙子》曰:"夫不登太山[1],不知天之高;不临泉壑,不知地之厚。"

[1]"太山",即"泰山"。

按:本则并非出于《孙子》,应典出《荀子》,文字略有不同。《荀子·劝学》云:"故不登高山,不知天之高也;不临深谿,不知地之厚也;不闻先王之遗言,不知学问之大也。"《大戴礼记》所云略同。

130 夫毒蛇不可加足,猛虎不可加翅。

按:本则出处待考。"画蛇添足"之典故见于《战国策》卷九《齐二》。《韩非子·难势》云:"故《周书》曰:'毋为虎傅翼,将飞入邑,择人而食之。'"《淮南子》卷十五《兵略训》云:"今乘万民之力,而反为残贼,是为虎傅翼,曷为弗除!"

131 《文子》曰:"使信士分财,不如採(探)[1]筹;使廉士守舍,不如闭户。"

[1]"採"字,当作"探"。探筹,俗称抽签,即各人所得,完全按天意而定。王本与郝本作"操",萧旭《敦煌写卷S.1380〈应机抄〉补笺》作"探"。

按:本则出于《文子》,为老子之言,文字略有不同。《文子》卷四《符言》引老子之言,曰:"使信士分财,不如定分而探筹,何则？有心者之于平，不如无心者也。使廉士守财，不如闭户而全封，以为有欲者之于廉，不如无欲者也。"《意林》卷一引《文子》云："使信士分财，不如探筹；使廉士守财，不如闭户全封，有心于平不如无心之不平。"

132 夫人性欲本静而嗜欲害之；河水欲清而沙土秽之。

按：本则出于《文子》，文字略有不同。《文子》卷六《上德》引老子之言，曰："日月欲明，浮云蔽之，河水欲清，沙土秽之。丛兰欲脩，秋风败之。人性欲平，嗜欲害之。"《淮南子》所云与《文子》略同。

133 子张曰："金石有声，不触不鸣；箫管有音，不吹不吟。"

按：本则非子张之言，应为老子之言，诸引书略同。《淮南子》卷十四《诠言训》云："故老子曰：'虎无所措其爪，兕无所措其角。'盖谓此也。鼓不灭于声，故能有声；镜不没于形，故能有形；鼓不灭于声，故能有声；镜不没于形，故能有形；金石有声，弗叩弗鸣；管箫有音，弗吹无声。"《文子》卷六《上德》云："老子曰：'鼓不藏声，故能有声。镜不没形，故能有形。金石有声，不动不鸣。管箫有音，不吹无声。'"《太平御览》卷八百十《珍宝部九·金中》引《庄子》曰："金石有声，不考不鸣也。"故本则出处待考。

134 《世语》曰："兽穷则触，鸟穷则啄。"

按：本则并非出于《世语》。《荀子·哀公》引颜渊之言，曰："臣闻之：'鸟穷则啄，兽穷则攫，人穷则诈。自古及今，未有穷其下而能无危者也。'"《新序》卷五《杂事第五》云："颜渊曰：'兽穷则触，鸟穷则啄，人穷则轴。自古及今，有穷其下能无危者，未之有也。'"《孔子家语》卷五《颜回第十八》引颜回之言略同。《意林》卷一引《文子》云："兽穷则触，鸟穷则啄，人穷则诈。"《艺文类聚》卷九十《鸟部上·鸟》引《孙卿子》曰："鸟穷则啄，兽穷则攫，人穷则诈。"《太平御览》卷四百八十六《人事部一百二十七·穷》引《荀卿子》曰："鸟穷则啄，兽穷则攫，人穷则诈。"故本则出处待考。

135 《墨子》曰："战虽有阵[1]，勇为本；丧虽有礼，哀为原[2]。"

［1］"阵"同"陈"，作战时的阵法。

［2］"原"同"源"。

按：本则出自《墨子》，文字略有不同。《墨子》卷一《修身》云："君子战虽有陈，而勇为本焉；丧虽有礼，而哀为本焉；士虽有学，而行为本焉。"《意林》卷一引《墨子》云："君子虽有学，行为本焉；战虽有陈，勇为本焉；丧虽有礼，哀为本焉。"

136 又云："君子服美则益敬，小人服美则益骄。"

按：本则并未见于今本《墨子》，但《意林》辑录本则，实出于《墨子》。见《意林》卷一《墨子十六卷》，文同。

137 《尸子》曰："虎豹之驹，虽未成文，而有食羊之意；鸣鹄[1]之雏，虽羽未备，而有四海之心。"

［1］"鸣鹄"，同"鸿鹄"，即天鹅。

按：《尸子》一书所佚内容很多，本则未见于今本《尸子》，《意林》辑录本则内容，文字略有不同。《意林》卷一引《尸子》云："虎豹之驹未成文，而有食牛之气；鸿鹄之鷇羽翼未合，而有四海之心。"《艺文类聚》卷九十《鸟部上·鸿》引《尸子》、《太平御览》卷四百二《人事部四十三》引《文子》略同。

138 又云：夫妇者，非骨肉之重，相爱则亲，不相爱则疏。

按：查今本《尸子》并无本则内容，出处待考。《韩非子·备内》云：夫妻者，非有骨肉之恩也，爱则亲，不爱则疏。故本则或可补《尸子》之阙佚。

139 家有菜蔬，虽饥不饿；国有常法，虽危不亡。

按：本则出于《韩非子》，"菜蔬"疑为误抄。《韩非子·饰邪》云："语曰：'家有常业，虽饥不饿；国有常法，虽危不亡。'"《意林》卷一引《韩子》云："家有常业，虽饥不饿；国有常法，虽危不亡。若舍法从私意，则臣下饰其智能；饰其智能，则法禁不立矣。"

下篇　录文校笺篇

140 《陆子》曰："镜执明，则美恶从之；衡执平，则轻重随之。"

按：本则出处待考，查《陆云集》无本则内容，本则与《韩非子》所云义近。《韩非子·饰邪》云："故镜执清而无事，美恶从而比焉；衡执正而无事，轻重从而载焉。夫摇镜则不得为明；摇衡则不得为正，法之谓也。"故本则或可补《陆子》之阙佚。

141 又云："动镜则不明，摇衡则不平。"

按：本则出处待考，参见141则。

142 《胡非子》曰："夫水之为性，溺者饮之则死，渴者饮之则活。"

按：本则出处待考。《胡非子》，先秦墨家胡非撰，《汉书·艺文志》著录为三篇，《隋书·经籍志》《旧唐书·经籍志》《新唐书·经籍志》著录为一卷，今佚。《意林》辑录一卷，但无本则内容。《韩非子·解老》云："道譬诸若水，溺者多饮之即死，渴者适饮之即生；譬之若剑戟，愚人以行忿则祸生，圣人以诛暴则福成。"《意林》卷一引《韩子》云："譬之如水，溺者饮之则死，渴者饮之则生。"本则或可补《胡非之》之阙佚。

143 夫小人以身殉利，列（烈）[1]士以身殉名。

[1] "列"字，当为"烈"字，据文义校改。

按：本则出于《庄子》。《庄子外篇·骈拇第八》云："小人则以身殉利，士则以身殉名，大夫则以身殉家，圣人则以身殉天下。"《意林》卷二引《庄子》同。

144 《善政》曰："西门豹性急，佩韦以自缓；董安于心缓，佩弦以自急。"

按：查相关史籍善政篇，并无本则内容，本则出于《韩非子》。《韩非子·观行》云："西门豹之性急，故佩韦以自缓；董安于之心缓，故佩弦以自急。"《艺文类聚》卷二十三《人部七·鉴戒》、《太平御览》卷三百七十六《人事部一十七·心》、《太平御览》卷四百五十九《人事部一百·鉴戒下》、《太平御览》卷七百六十六《杂物部一·皮》引《韩子》略同，《刘子·和性》亦引。

145 古人云："直木先伐，甘井先竭。"

按：《庄子外篇·山木第二十》云："直木先伐，甘井先竭。"《艺文类聚》卷四十《礼部下·吊》、《太平御览》卷五百六十一《礼仪部四十·吊》引《庄子》、《艺文类聚》卷八十八《木部上·木》引《淮南子》、《太平御览》卷一百八十九《居处部十七·井》引《范子》同。故本则出处待考。

146《庄子》曰："夫水行不避蛇龙者，渔父之勇也；陆行不避虎兕者，猎夫之勇也。"

按：本则出于《庄子》，义字略有不同。《庄子外篇·秋水第十七》引孔子之言，曰："夫水行不避蛟龙者，渔父之勇也；陆行不避兕虎者，猎夫之勇也；白刃交于前，视死若生者，烈士之勇也；知穷之有命，知通之有时，临大难而不惧者，圣人之勇也。"《太平御览》卷四百三十七《人事部七十八·勇五》引《庄子》同。

147 夫弃之金，譬负赤子而游，彼以利合，此以天属。利合者穷则弃之，天属者虽困，收之。

按：本则出处待考，内容讲的是假人林回"弃金负子"的典故。《庄子外篇·山木第二十》云：子桑雽曰："子独不闻假人之亡与？林回弃千金之璧，负赤子而趋。或曰：'为其布与？赤子之布寡矣；为其累与？赤子之累多矣；弃千金之璧，负赤子而趋，何也？'林回曰：'彼以利合，此以天属也。'夫以利合者，迫穷祸患害相弃也；以天属者，迫穷祸患害相收也。夫相收之与相弃亦远矣，且君子之交淡若水，小人之交甘若醴。君子淡以亲，小人甘以绝。彼无故以合者，则无故以离。"《艺文类聚》卷八十四《宝玉部下·璧》、《太平御览》卷八百六《珍宝部五·璧》引《庄子》同。

148 古人云："妒妇不虑破家，佞（佞）[1]臣不忧败国。"

[1]"佞"字，当作"佞"，为"佞"的讹字，王本径释作"佞"。

按：本则出处待考。《意林》卷二引《申子》云："妒妻不难破家，乱臣不难破国。一妻擅夫，众妻皆乱；一臣专君，群臣皆蔽。"

149 夫寒则利短褐，饥者嗜糟糠。

按：本则出处待考。《史记》卷六《秦始皇本纪第六》云："今秦二世立，天下莫不引领而观其政。夫寒者利裋褐而饥者甘糟糠，天下之嗷嗷，新主之资也。"贾谊《新书·过秦下》所述略同。

150 《淮南子》曰："道之为用，横之则经论四海，舒之则绵周六合。"

按：《淮南子》卷一《原道训》云："夫道者，覆天载地，廓四方，柝八极，高不可际，深不可测，包裹天地，禀授无形；原流泉浡，冲而徐盈，混混滑滑，浊而徐清。故植之而塞于天地，横之而弥于四海；施之无穷而无所朝夕，舒之幎于六合，卷之不盈于一握。约而能张，幽而能明，弱而能强，柔而能刚，横四维而含阴阳，纮宇宙而章三光。"本则疑为作者在《淮南子》基础上改易所致。

151 夫君子示（不）[1]我（乘）[2]人之利，不迫人之险。

[1]"不"字，据文义与引文改。

[2]"乘"字，据文义与引文改。

按：本则出于《淮南子》，文字略有不同。《淮南子》卷一《原道训》云："君子不乘人于利，不迫人于险。"

152 夫百川异源，皆求归于海为家；百家殊业，皆求之于活（治）[1]。

[1]"治"字，据文义与引文改。

按：本则出于《淮南子》，文字略有不同。《淮南子》卷十三《氾论训》云："百川异源，而皆归于海；百家殊业，而皆务于治。"

153 夫在（诎）[1]寸申尺，圣人为之；小枉大直，君子行之。

[1]"在"字，当作"诎"，据文义与引书改。

按：本则典出《淮南子》，文字略有不同。《淮南子》卷十三《氾论训》云："诎寸而伸尺，圣人为之；小枉而大直，君子行之。"

154 鸡知将旦，燕（鹤）[1]知夜半。

[1]"燕"字，当作"鹤"。萧旭《敦煌写卷S.1380〈应机抄〉补笺》：《文选·拟古诗》李善注引《春秋考异邮》："鹤知夜半，鸡应量明。"李善注："明兴鸣同，古字通。"是知夜半者鹤也。《抱朴子内篇·至理》："鹤知夜半，燕知戊己。"是燕所知者戊己也。

按：本则出于《淮南子》，仅"燕"作"鹤"，其余文字皆同。《淮南子》卷十六《说山训》云："鸡知将旦，鹤知夜半，而不免于鼎俎。"

155 夫影不能为曲物直，响不能为浊音清。

按：本则出处待考，诸引文略同。《淮南子》卷十五《兵略训》云："夫景不为曲物直，响不为清音浊。"《太平御览》卷二百七十三《兵部四》引《淮南子》同。《管子·宙合》云："景不为曲物直，响不为恶声美，是以圣人明乎物之性者，必以其类来也。"《说苑》卷十六《谈丛》云："响不能独为声，影不能倍曲为直。物必以其类及，故君子慎言出己。"

156 《说苑》曰："轩冕在前，非义不来（乘）[1]；斧钺在后，义死不避。"

[1]"来"字，当作"乘"字，据文义校改。

按：本则出于《说苑》，文字略有不同。《说苑》卷四《立节》云："基闻之，义者轩冕在前，非义弗受；斧钺于后，义死不避。"《太平御览》卷四百二十一《人事部六十二·义中》引《说苑》同。

157 夫内无其质，而外学其文，画脂镂冰，费日损功，终无效也。

按：本则出《盐铁论》。《盐铁论》卷五《殊路第二十一》引孔子之言，曰："故内无其质而外学其文，虽有贤师良友，若画脂镂冰，费日损功。故良师不能饰戚施，香泽不能化嫫母也。"又有《初学记》卷二十一《文部·文章第五》、《太平御览》卷五百八十五《文部一》、《太平御览》卷六百七《学部一》引《盐铁论》略同。

158 夫君子之德，如高山，似深泉，仰之不极，俯（度）[1]之不侧（测）[2]。

[1]"俯"字,当作"度",据文义改。

[2]"侧"字,当作"测",据文义改,"侧"为"测"之借字。

按:本则出处待考。《六韬·文韬·大礼》云:"文王曰:'主听如何?'太公曰:'勿妄而许,勿逆而拒;许之则失守,拒之则闭塞。高山仰之,不可极也;深渊度之,不可测也。神明之德,正静其极。'"《管子·九守》云:"高山,仰之不可极也;深渊,度之不可测也。"《说苑·政理》云:"譬如高山深渊,仰之不可极,度之不可测也。"

159 夫纯直之士,不曲道以媚时,不跪(诡)[1]行以邀誉。

[1]"跪"字,当作"诡"字,据文义与引书改。

按:本则出于《政论》,文字略有不同。《意林》卷三引《政论》云:"夫贞一之士,不曲道以媚时,不诡行以邀名。"《全后汉文》卷四十六《政论》云:"夫淳淑(《意林》作'贞一')之士,固不曲道以媚时,不诡行以邀名。"《群书治要》卷四十五《政论》云:"夫淳淑之士,固不曲道以媚时,不诡行以徼名。"

160 凡与富贵者交,上有禄誉之响,下有财货之益;与贫贱交,大有赈恤之费,小有假欲之损。

按:本则出于《潜夫论》,文字略有不同。《潜夫论·交际第三十》云:"夫与富贵交者,上有称举之用,下有货财之益。与贫贱交者,大有赈贷之费,小有假借之损。"

161 应劭曰:"百里不同风,千里不相俗。"

按:本则应出于《风俗通》,为应劭之言。《太平御览》卷六百二《文部十八》引《风俗通》云:"百里不同风,千里不同俗。"又有《汉书》卷七十二《王贡两龚鲍传第四十二》云:"是以百里不同风,千里不同俗,户异政,人殊服,诈伪萌生,刑罚亡极,质朴日销,恩爱浸薄。"

162 夫有财不济贫者,非有财也;有位不举能者,非有位也。

按:本则出于《法训》,文字略有不同。《意林》卷六引《法训》

云:"有财不济交,非有财也;有位不举能,非有位也。"

163 夫相增[1]者,能称无辜之毁;相爱者,能饰无财之誉。

[1] "增"字,通"憎"。

按:本则出于《谯子法训》。《意林》卷六引《法训》云:"相憎者,能生无辜之毁;相爱者,能饰无实之誉。"

164 《苏子》曰:夫大水之受浊,能使水清;大德之正邦,能使邦安。

按:《苏子》,《汉书·艺文志》著录为三十一篇,《隋书·经籍志》《旧唐书·经籍志》《新唐书·经籍志》著录为七卷,今已亡佚。故本则或可补《苏子》之阙佚。

165 掘波求火,缘木求鱼,徒尽功庸,恐难遂也。

按:本则出处待考。《战国策》卷二十八《韩三》云:"夫攻形不如越,而攻心不如吴,而君臣、上下、少长、贵贱,毕呼霸王,臣窃以为犹之井中而谓曰:'我将为尔求火也。'""缘木求鱼"的典故见于《孟子》。《孟子》卷一《梁惠王上》云:"以若所为,求若所欲,犹缘木而求鱼也。"

166 夫耳为心听,目为心视,凡人之于视听,不可不审。

按:本则出处待考。诸葛亮《便宜十六策·视听第三》云:"目为心视,口为心言,耳为心听,身为心安。故身之有心,若国之有君,以内和外,万物昭然。"

167 《陆子》曰:"敬一贤而众贤悦,诛一恶而众恶惧。"

按:本则出于《典语》。《群书治要》卷四十八《典语》云:"得人之道,盖在于敬贤而诛恶也;敬一贤则众贤悦,诛一恶则众恶惧。"《典语》为陆景所撰,《陆子》为陆云所撰,本则疑为作者将上述二人的作品混淆而误抄。

168 俗谚云:"拙(?)[1]匠多弃木,良匠无遗材。"

[1] "拙"字,王本释作"社",郝木释作"拙",据文义,"拙"应更为恰当。

按：本则出处待考。《刘子·适才第二十七》云："是以君子善能拔士，故无弃人；良匠善能运斤，故无弃材。"

169 又云："暗世多逃士，明君无废臣。"

按：本则出处待考。

170 又云："构大厦者，先择匠而后简材；治国者，先择士而后定民。"

按：本则出于《物理论》，文字略有不同。《意林》卷五引《物理论》曰："构大厦者先择匠而后简材，治国家者先择佐而后定民。"

171 夫鸿不学飞，飞则冲天；骥不学行，行则千里。

按：本则出于《傅子》，文字略有不同。《太平御览》卷九百一十六《羽族部三·鸿》引《傅子》曰："鸿不学飞，飞则撤觚；骥不学行，行则千里。二世修骊山陵，採玉者倾山，採珠者蔽海。"

172 夫虎至猛，尚可威而伏之；鹿至粗，亦可教而使之，其况人乎？

按：本则典出《傅子》。《傅子·贵教》云："虎至猛也，可威而服；鹿至粗也，可教而使；木至劲也，可柔而屈；石至坚也，可消而用，况人含五常之性，有善可因，有恶可改者乎！"

173 《说苑》曰："匡衡以善诗为宰相，张禹以善论为帝师，岂非儒学之荣乎？"

按：本则出处待考。《说苑》原书共二十卷，随后大部分散佚，后经宋曾巩搜辑，复为二十卷。《意林》卷五引《物理论》曰："傅子曰：'学以道达荣，不以位显。'或云：'匡衡以善诗至宰相，张禹以善论作帝师，岂非儒学之荣乎？'"故本则或可补《说苑》之阙佚。

174 夫圣人之心似镜，小大俱彰；贤人之心如水，澄之则清，搅之则浊。清则方始有见，浊则无物可观。

按：本则出处待考。

175 《新语》曰："刑（形）[1]之正，不求影之直；声之平，不求响之和。"

[1]"刑"字，当作"形"，王本径释作"形"，"刑"为"形"之借字。

按：查《新语》无本则内容，本则出于《物理论》。《意林》卷五引《物理论》曰："形之正，不求影之直而影自直；声之平，不求响之和而响自和；德之崇，不求名之远而名自远。"

176 夫天之为岁也，必先春而后夏；国之为道也，必先赏而后罚。

按：本则出处待考。《意林》卷五引《物理论》曰："天地成岁也，先春而后秋；仁君之治也，先礼而后刑。"《艺文类聚》卷五十四《刑法部·刑法》引魏丁仪刑《礼论》曰："天垂象，圣人则之，天之为岁也，先春而后秋，君之为治也，先礼而后刑。"

177《流别论》曰："大张破纲，以御逸兽；守坏堤，以防决河[1]，非所以救也。"

[1]"河"字，王本与郝本作"川"，误。

按：本则出处待考。《文章流别论》，西晋文学家挚虞撰，原文已佚，故本则或可补《文章流别论》之阙佚。

178 进如众流之朝沧海，散似浮云之归山泽。

按：本则出处待考。

179 又云："去似收雷（电）[1]，而可见而不可追；住似丘山，可瞻而不可动。"

[1]"雷"字，当作"电"，据文义与引书改。

按：本则出于《抱朴子》，文字略有不同。《太平御览》卷十三《天部十三·电》引《抱朴子》曰："良将去如收电，可见不可追；立如丘山，可瞻不可动。"《意林》卷四引《抱朴子》云："夫良将刚则法天，可望而不可干。柔则象渊，可观而不可入。去如收电，可见而不可追；住如丘山，可观而不可动。"

180《唐子》曰："目短于自见，故以镜视之；心短于自治，故以礼约之。"

按：本则出于《唐子》，文字略有不同。《意林》卷五引《唐子》

曰："古人目短于自见，故以镜观形；心短于自治，故以礼自防。"又有《韩非子·观行》云："古之人目短于自见，故以镜观面；智短于自知，故以道正己。"《初学记》卷二十五《器物部·镜第九》引《韩子》同。

181 夫水性虽流，不导不通；人性虽智，不学[1]则不达。

[1]"学"字，据原卷抄录，王本作"举"，误。

按：本则出于《成败志》，文字略有不同。《意林》卷五引《成败志》云："水性虽能流，不导则不通；人性虽能智达，不教则不达。学犹植也，不学将落。"

182 又云："明镜举则倾冠现，华光照[1]则曲影彰。"

[1]"照"字，据文义与引文补。

按：本则应出于《抱朴子》，文字略有不同。《意林》卷四引《抱朴子》曰："明镜举则倾冠见，羲和照则曲影觉。"《文选·君子行》李善注引《抱朴子》曰："明镜举，则倾冠见矣。以其递相祖述，故引之。"

183 夫流无源则绝路，条离枝则枯莘[1]。

[1]"莘"字，古同"悴"，憔悴。

按：本则出于《抱朴子》，文字略有不同。《太平御览》卷六百二《文部十八》引《抱朴子》云："流无源则干，条离株则悴。"

184《燕丹子》曰："探鷰[1]巢而求凤卵，披井底而觅鲸鱼，虽加至勤，无由可得。"

[1]"鷰"字，与"燕"同。

按：本则出处待考。《燕丹子》《隋书·经籍志》《新唐书·经籍志》著录为一卷，《旧唐书·经籍志》《宋史·艺文志》著录为三卷，明代时已佚。今本《燕丹子》共三卷，且不载本则。本则内容与《抱朴子》所述义近，《抱朴子内篇·释滞》云："是探燕巢而求凤卵，搜井底而捕鳝鱼，虽加至勤，非其所有也，不得必可施用，无故消弃日月，空有疲困之劳，了无锱铢之益也。"故本则或可补今本

《燕丹子》之阙佚。

185 夫使人以义，虽劳而不怨；煞[1]人以理，虽死而不恨。

[1]"煞"字，古同"杀"。

按：本则出处待考，本则内容与《孟子》所述义近。《孟子》卷十三《尽心上》云："以佚道使民，虽劳不怨。以生道杀民，虽死不怨杀者。"

186 夫游女见人乐之，自谓胜于西施；桀纣见人尊之，自谓贤于汤禹。

按：本则出于《义记》，文字略有不同。《意林》卷六引《义记》云："夫游女见人乐之，则自谓逾于西施；桀纣见人尊之，则自谓过于禹汤。"

187 夫害贤曰嫉，害色曰妒。

按：本则出于《楚辞章句》。《楚辞章句·离骚》王逸注为"各兴心而嫉妒"作注云："害贤曰嫉，害色曰妒。"

188《符子》曰："荆山不贵玉，蛟[1]人不爱珠，以其饶故也。"

[1]"蛟"字，通"鲛"。鲛人，神话传说中生活在海中的人，其泪珠能变成珍珠。亦作"蛟人"。

按：本则出于《符子》，义字略有不同。《太平御览》卷八白五《珍宝部四·玉下》引《符子》曰："荆山不贵玉，鲛人不贵珠。"

189 夫石生于金，金耀而石碎。刑生于智，智显而刑残。

按：本则出处待考。

190《陈子》曰："弁向（司）[1]晨之鸡，俟凤凰警日，何义可求也。"

[1]"向"字，当作"司"，据文义与引书改。

按：《陈子》为东汉陈纪所撰，今已佚，故本则出处待考。本则或可补《陈子》之阙佚。《金楼子·立言篇上》云："凤无司晨之善，麟乏警夜之功，日月不齐光，参辰不并见，冰炭不同室，粉墨不同橐，有之矣。"

191 古之慎者，焚枯鱼以塞后突，枯鱼已死，犹尚慎之，况于生人乎？

按：本则出处待考。

192 厉成子曰："鼓洪炉以燎毛发，倾山岳而厌枯朽。"

按：本则出处待考，首句出于《三国志》。《三国志》卷二十一《魏书·陈琳传》云："以此行事，无异于鼓洪炉以燎毛发。"

193 又云："纵盗饮酒，非息恶之源；绝缨加赐，非防邪之萌。"

按：本则出于《诸葛子》。《意林》卷六引《诸葛子》云："纵盗饮酒，非剪恶之法；绝缨加赐，非防邪之萌。"

194 古人云："右手撞钟，左手掩耳，何所免乎！"

按：本则出处待考。

195《顾子》曰："假十方之目以视者，则四海之色可见；借六合之耳以听者，则八表之音可叶（闻）[1]。"

[1]"叶"字，当作"闻"，据文义与引书改。

按：《顾子》为佚书，本则内容与《义记》所述略同。《意林》卷六引《义记》云："假天下之目以视，则四海豪末可见；借六合之耳以听，则八表之音可闻。"本则或可补《顾子》之阙佚。

196 古人云："梁之所以折，始于一尘；石之所以穴，兆于一滴。"

按：本则出处待考。

197 夫五经者若登山，逾高逾峻；诸子者似水，逾望逾深。

按：本则出处待考。

198《新书》曰："床枕之言不出，可谓远矣；昏定之语不入，可谓明矣。"

按：《新书》，汉贾谊撰，《新唐书·经籍志》《宋史·艺文志》著录为十卷。今本《新书》十卷58篇，且无本则内容，其他史籍也不见征引，本则或可补今本《新书》之阙佚。

199 夫举五岳者亦难为平，覆四海者岂易为功。

按：本则出处待考。

200 夫干云之枝，不产丘埕；径寸之宝，岂出于泥。

按：本则出处待考。《意林》卷六引《新论》云："干云之枝，不育于邱垤之巅；径寸之珠，不产于淳污之渚。"

201 夫世人之立行也，若使势弱于己，则虎步而陵之；势强于己，则鼠行而事之。

按：本则出处待考。《意林》卷六引《干子》云："势弱于己，则虎步而凌之；势强于己，则鼠行而事之。此奸雄之才也，亦且小人。"

202 《韩子》曰："天雨者[1]，应时[2]而降则甘，违时而澍则苦。"

[1] 王本在"天雨者"之前多加一"夫"字，应删除。

[2] "应时"，据文义补。

按：本则并非出于《韩子》，出处待考。

203 夫鱼不能陆地而走，马不能水里而奔，何则？才用不同也。

按：本则出处待考。

204 夫筑屋泮冰之上，立巢帷幕之下，恐非久居之处。

按：本则出处待考。

205 《拾遗》曰："暴风疾雨，发董卓之墓；震宙天火，煞子明之雠。"

按：查今本《拾遗记》并无本则内容，出处待考，本则或可补《拾遗记》之阙佚。

206 《抱朴子》曰："正经为道德之渊海；子书为增深之川流。"

按：本则出于《抱朴子》。《太平御览》卷六百八《学部二》引《抱朴子》曰："正经为道德之渊海，子书为增深之川流，犹北辰之佐三辰，林薄之裨高岳也。"

207 又云："子书如星宿之佐三光，林薮之符五岳。"

按：本则应典出《抱朴子》，见206则，内容义近。萧旭《敦煌写卷S.1380〈应机抄〉补笺》：《书钞》卷95引"裨"作"依"。

符，读为附，实为坿。《说文》："坿，益也。"又云："祔，接益也。""坿"与"祔"皆为增益之义。《吕氏春秋·孟秋纪》："坿墙垣，补城郭。"高诱注："坿读如符，坿犹培也。"是其同音相通之证。

208 夫仁者为导政之脂粉，刑者作御世之辔策。

按：本则出于《抱朴子》，文字略有不同。《太平御览》卷四百一十九《人事部六十·仁德》引《抱朴子》曰："仁者为政之脂粉，刑者御世之辔策。"《意林》卷四引《抱朴子》云："仁者，政之脂粉；刑者，世之辔策。"

209 谚曰："夫刑（形）[1]裸者[2]憎（体）[3]明烛之光，体曲者恶绳墨之用。"

[1]"刑"字，当作"形"，王本径释作"形"。

[2]"者"字，据文义与引书补。

[3]"体"字为衍文。

按：本则出于《抱朴子》，文字略有不同。《抱朴子外篇·擢才》云："况乎难知之贤，非意所急，谗人画蛇足于无形，奸臣畏忠贞之害己，体曲者忌绳墨之容，夜裸者憎明烛之来。"

210 夫才子崇院（琬）[1]琰于怀抱之内，吐琳琅于笔墨之端。

[1]"琬"字，据文义与引书改。

按：本则出于《抱朴子》，文字略有不同。《抱朴子外篇·任命》云："徒忘悟于翰林，锐意以穷神，崇琬琰于怀抱之内，吐琳琅于毛墨之端，躬困屡空之俭，神劳坚高之间，譬若埋尺璧于重壤之下，封文锦于沓匮之中，终无交易之富，孰赏埋翳之珍哉？"

211 古人云："君子者盘桓如山峙，小人者蓬飞似浮荷。"

按：本则出于《抱朴子》，文字略有不同。《抱朴子外篇·名实》云："夫智大量远者，盘桓以山峙；器小志近者，蓬飞而萍浮。"《意林》卷四引《抱朴子》云："智大者，盘桓以山峙；器小者，蓬飞而萍浮。"

212 《才府》曰："文王之接吕望，桑阴不移；立（玄）[1]德之见孔明，暑影未徙。伯偕识绝音之相于烟烬之余，平子列（别）[2]逸响之声未用之所者，作御世之镕策。"

[1]"立"字，当作"玄"，据文义与引书改。

[2]"列"字，当作"别"，据文义与引书改。

按：《才府》疑为佚籍，本则内容与《抱朴子》所述义近。《抱朴子外篇·清鉴》云："文王之接吕尚，桑阴未移，而知其足师矣。玄德之见孔明，暑景未改，而腹心已委矣……若伯喈识绝音之器于烟烬之余，平子剔逸响之竹于未用之前。"故本则或可补《才府》之阙佚。萧旭《敦煌写卷 S.1380〈应机抄〉补笺》：《意林》卷4引"剔"作"别"。"剔"小"别"字之误。"识""别"同义对举。

213 夫戢劲翮于鸱鸮之群，藏逸足于跛驴之类，何可识哉？

按：本则典出于《抱朴子》。《抱朴子·内篇序》云："假令奋翅则能凌厉玄霄，骋足则能追风蹑景，犹故欲戢劲翮于鸱鸮之群，藏逸迹于跛驴之伍，岂况大块禀我以寻常之短羽，造化假我于至驽之蹇足，以自卜之审，不能者止。"

214 《神仙传》曰："入渊不湿，践刃不伤者，道术之士也。"

按：本则出处待考。《神仙传》，东晋葛洪撰，共十卷。今本《神仙传》并非全本。考本则见于《抱朴子》，《抱朴子内篇·对俗》云："若道术不可学得，则变易形貌，吞刀吐火，坐在立亡，兴云起雾，召致虫蛇……入渊不沾，蹴刃不伤，幻化之事，九百有余，按而行之，无不皆效，何为独不肯信仙之可得乎！"故本则或可补今本《神仙传》之阙佚。

215 夫高鸟相木而集，智士择君而士（仕）[1]。寻木起于牙（萌）[2]蘖，洪波出于涓流。

[1]"士"字，当作"仕"，据文义改。

[2]"萌"字，疑为衍文，当删。

按：本则出处待考。《太平御览》卷九百一十四《羽族部一·鸟》引《阮子》曰："高鸟相木而集，智士择上而翔。"《意林》卷四引《阮子》同。《文选·赋乙》李善注为"坚冰作于履霜,寻木起于蘖栽"作注云:"言事皆从微至著,不可不慎之于初。所以寻木起于牙蘖,洪波出于涓泉。"

216《魏志》曰:"质胜文,石建也;文胜质,葵(蔡)[1]邕也;文质彬彬,然其唯徐干呼?"

[1]"葵"字,当作"蔡",据文义与引书改。

按:查《魏志》并无本则内容,本则应出于《通语》,文字略有不同。唐代马总《意林》卷四引《通语》曰:"才贵精,学贵讲。质胜文石建,文胜质蔡邕。文质彬彬,徐干庶几也。"

217 夫怨[1]虱烧衣,嗔痒割肉,所快无多,所损殊大,亦当思之。

[1]"怨"字,王本作"焚",郝本作"忿"。

按:本则出处待考。

218 夫萤火见明而灭,朝露见日而干。

按:本则出处待考。颜师古为《汉书·苏武传》中"人生如朝露"作注云:"朝露见日则晞,人命短促亦如之。"

219 谚曰:"山(止)[1]响以声,逐影以形随,声影不灭,影响难绝矣。"

[1]"山"字,当作"止",据文义与引书改。

按:本则出处待考。《意林》卷五引《物理论》云:"止响以声,逐影以形。"

220 夫见虎一毛,讵知其斑;尝食一糁,宁识其味。若必待北崐之玉为宝者,则荆山无夜光之美;若必须[1]南海之珠而为珍者,则随侯无明月之称。

[1]"须"字,王本作"倾"字,误。

按:本则出处待考。《金楼子》卷六《杂记篇十三上》云:"见虎一毛,不知其斑。"《太平御览》卷六百二《文部十八》引《金楼子》同。又有唐马总《意林》卷五《物理论》引《傅子》云:"必得崐山之玉而后宝,则荆璞无夜光之美;必须南国之珠而后珍,则随侯无明月之称。"

221 夫名者士之所趣，利者民之所死。

按：本则出处待考，内容与《韩非子》所述义近。《韩非子·外储说左上》云："利之所在，民归之；名之所彰，士死之。"

222《汉书》云："直如弦，死道边；曲如钓（钩）[1]，返（反）[2]封侯。"

[1]"钩"字，据文义与引书改。

[2]"反"字，据文义与引书改。

按：本则出于《后汉书》，而非《汉书》，疑为作者误抄所致。《后汉书》志第十三《五行一》云："顺帝之末，京都童谣曰：'直如弦，死道边。曲如钩，反封侯。'"又有《史通》内篇《直书第二十四》云："然世多趋邪而弃正，不践君子之迹，而行由小人者，何哉？语曰：'直如弦，死道边；曲如钩，反封侯。'"

223 桓谭《新论》曰："人闻长安乐，则出门西向而笑；人知味甘，则向屠者而哨（嚼）[1]，何所益乎？"

[1]"哨"字，当作"嚼"。萧旭《敦煌写卷S.1380〈应机抄〉补笺》："哨"当为"嚼"借音字，《集韵》："嚼""哨"同音于"笑""切"。

按：本则出于《新论》，文字略有不同。《新论·祛蔽第八》云："关东鄙语曰：'人闻长安乐，则出门西向而笑。知肉味美，则对屠门而大嚼。'"《艺文类聚》《初学记》《太平御览》亦引。

224 大举纲持纲，万目皆张；振裘提领，万日白整。

按：本则出于《新论》，文字略有不同。《新论·离事第十一》云："举网以纲，千目皆张；振裘持领，万毛自整。治大国者亦当如此。"

225《论衡》曰："大采宝者，必破石而收玉；选士者，必弃恶而取善。"

按：本则出于《论衡》，文字略有不同。《论衡》卷·《累害第二》云:"夫采玉者破石拔玉,选士者弃恶取善。"

226 又云:"马有千里,不必骐骥之驹;鸟备五彩,岂独凤凰之雏。"

按:本则出于《论衡》,文字略有不同。《论衡》卷十六《讲瑞第五十》云:"马有千里,不必骐骥之驹;鸟有仁圣,不必凤皇之雏。"

227 夫玉隐于石[1],非工不知;珠藏于蚌,非匠不识。

[1]"于石",据文义与引书补。

按:本则典出《论衡》,内容义近。《论衡》卷三十《自纪第八十五》云:"玉隐石间,珠匿鱼腹,非玉工珠师,莫能采得。"

228 太公曰:"鸷鸟将击,必卑飞敛翼;虎狼将击,必弭毛诛伏。"

按:本则为太公之言,出于《六韬》,文字略有不同。《六韬·武韬·发启》云:"鸷鸟将击,卑飞敛翼;猛兽将搏,弭耳俯伏;圣人将动,必有愚色。"又有《长短经》卷七《惧诫第二十》云:"鸷鸟将击,卑身翕翼;猛兽将搏,俛耳俯伏;圣人将动,必有愚色。"

《应机抄》卷下

229 华子曰:"曜质当途[1],则名浮四海;潜形避世,则誉没户庭。"

[1]"途"字,据原卷抄录,王本作"逢",误。

按:本则出处待考。

230 夫士应世务,则爵之于朝;能不称职,则黜之于野。升朝受禄,不足以为荣,退野而耕,何致以为耻。然人之趣利,如水之赴下。

按:本则出处待考。

231 夫田猎者,何所荣乎?一生得荣,百兽失命,我之口腹,得光鲜,彼人身命,忽焉糜烂。

按:本则出处待考。

232 夫戴天履地,咸受(爱)[1]其生;禀气含灵,同畏其死。

[1]"受"字,当作"爱",据文义改。萧旭《敦煌写卷S.1380〈应机抄〉补笺》:"爱",与"畏"对举成义。

按:本则出处待考。"戴天履地"出于《春秋左传》,《春秋左传·僖公十五年》云:"晋大夫三拜稽首曰:'君履后土而戴皇天,皇天后土实闻君之言,群臣敢在下风。'"

233 夫济有以归无,上贤也;去华以存朴,中智也。

按:本则出处待考。

234 夫厚朴者近于道,是贞正也;华艳者流于俗,是邪媱也。

按：本则出处待考。

235 又云："贞正则重厚，安而易成，先王守之以睦国。"

按：本则出处待考。

236 又云："淫邪者轻薄，危而速败，妾（佞）[1]世溺之而败身。"

[1]"妾"字，当作"佞"，据文义改，王本径释作"佞"。

按：本则出处待考。

237 夫布衣褞袍，障寒而弊（蔽）[1]体，示之贞也。

[1]"弊"字，当作"蔽"，据文义改，王本与郝本径释作"蔽"。

按：本则出处待考。

238 夫大人之居世，丰者不使有余，俭者不使穷之（乏）[1]。

[1]"之"字，当作"乏"，据文义改。

按：本则出处待考。

239 又云："不尽其余，有何夸乎？不患其乏，有何美乎？"

按：本则出处待考。

240 夫世皆共有贪者，何所求其利；众皆不欲廉者，何所致其名；无利无名，何所竞乎？无言无争，不亦善乎？行之于身则足，行之于家则洽。

按：本则出处待考。

241《慎子》曰："天下不窥，则囹圄何所系，狱讼何所辩？天下不盗，则刑罚何所诛，兵戈何所戮？"

按：《慎子》，战国慎到撰，《汉书·艺文志》著录为四十二篇，《隋书·经籍志》《旧唐书·经籍志》《新唐书·经籍志》著录为十卷，《宋史·艺文志》著录为一卷。今本《慎子》仅七篇，佚失较多，且无本则内容，故本则或可补今本《慎子》之阙佚。

242 庙堂之上，不以家[1]富贵为荣；草泽之中，不以贫贱为耻。

[1]"家"字，疑为衍文。

按：本则出处待考。《晋书》卷八十五《魏咏之传》云："咏之初在布衣，不以贫贱为耻；及居显位，亦不以富贵骄人。"本则内容与《晋书》所云义近。

243 夫言行守质，不尚于文；器服存朴，不求于美。

按：本则出处待考。

244 夫文生于质，质，文之本也，而皆贱质而重文。凡人之情，皆稀见为珍，难得为宝，岂非贵末贱本乎？若存文（质）[1]而废质（文）[2]，则心无所守；废质而存文，必为文败。

[1]"质"字，据文义改。

[2]"文"字，据文义改。

按：本则出处待考。《论语·颜渊第十二》云："棘子成曰：'君子质而已矣，何以文为？'子贡曰：'惜乎，夫子之说君子也！驷不及舌。文犹质也，质犹文也，虎豹之鞟犹犬羊之鞟。'""贵末贱本"见于《新论》，《新论·见征第五》云："智者讥之云：'教人曲突远薪，固无恩泽；焦头烂额，反为上客。'盖伤其贱本而贵末也。"

245 又云："拒教难于拔山，受学易于反掌。"

按：本则出处待考。

246 又云："身行化者，人悉从之；口言教者，人皆诵之。"

按：本则出处待考。《后汉书》卷四十一《第五伦传》云："故曰：'其身不正，虽令不从。'以身教者从，以言教者讼。"本则内容与《后汉书》所述义近。

247 又云："学欲速则不达，事欲易则不固。"

按：本则出处待考。《论语·子路第十三》云："子夏为莒父宰，问政。子曰：'无欲速，无见小利。欲速则不达，见小利则大事不成。'"本则内容与《论语》所述义近。

248 又云："至人之弁（辩）[1]者，乃明道达义，非谓舌端；智人之武者，乃以止戈定世，非谓锋端。"

[1]"弁"字，通"辨"，下同。

按：本则出处待考。末句与《春秋左传》所述义近。《春秋左传·宣公十二年》云："楚子曰：'非尔所知也。夫义，止戈为武。'"

下篇　录文校笺篇

249 夫役寸（心）[1]而忧千载，劳一形而聘（骋）[2]四方，何自苦矣。

[1]"心"字，据文义改。

[2]"骋"字，据文义改。

按：本则出处待考。

250 夫数（物）[1]极则反，满极则损。

[1]"物"字，据文义改。

按：本则出处待考。《鹖冠子》卷上《环流第五》云："美恶相饰，命曰复周；物极则反，命曰环流。"《尚书·大禹谟第三》云："满招损，谦受益，时乃天道。"

251 夫至人之用，闭其明，塞其听，反其始，归其终。

按：本则出处待考。

252 夫人性也，宽大则柔，柔则顺而能容；急则刚，刚则戾而不相从。故曰："柔顺同室，终身逾吉；刚戾相逢，终日见凶。"

按：本则出处待考。

253 夫必金性胜木，以金伐木，木折金亦缺。

按：本则出处待考。《论衡》卷二十三《问时篇第六十九》云："金性胜木，然而木胜金负者，木多而金寡也。"

254 又云："水性胜火，以水灌火，火灭水亦竭。夫能害于物者，亦为物所害。"

按：本则出处待考。《意林》卷五引《笃论》云：水性胜火，分之以釜甑，则火强而水弱；人性胜志，分之以利欲，则志强而性弱。

255 又云："虚空万物而不损物，物亦不损虚空。"

按：本则出处待考。

256 夫不自伐其长，久而德自彰；外不陵人短，久而知自满。

按：本则出处待考。《老子·道经》云："不自见，故明；不自是，故彰；不自伐，故有功；不自矜，故长。"

257 又云："不于浊中独清，不于政（败）[1]中独成。"

[1]"政"字，当作"败"，据文义改，"浊"与"清"、"败"与"成"对举成义。

按：本则出处待考。《楚辞章句》卷七《渔夫》云："屈原曰：'举世皆浊我独清，众人皆醉我独醒，是以见放。'"本则首句与屈原之言义近。

258 又云："使人不受，教人相薄；使人不耐，教人相螫。"

按：本则出处待考。

259 又云："浊中独清，众所秽之；败中独成，众将害之。众之所害不可胜，众之所秽不可澄。"

按：本则出处待考。

260 又云："不于讷中夸弁（辩），不于恶中衔善。恶中衔善，众必非之；讷中夸弁（辩），众必讥之。"

按：本则出处待考。本则内容与《运命论》所述义近，《文选》卷五十三《运命论》云："故木秀于林，风必摧之；堆出于岸，流必湍之；行高于人，众必非之。"

261 又云："使众非之，恶人所期（？）[1]，善不如恶；使人讥之，讷人所耻，弁（辩）不如讷。"

[1]"期"，郝本作"惭"，土本作"期"，待考。

按：本则出处待考。

262 夫圣人之化民也，沐不及讫，掘（握）[1]之以礼士；饭不及饱，辍之以对客。

[1]"掘"字，据写卷抄录，当作"握"，土本径释作"握"。

按：本则出处待考。

263 谚曰："得千斤黄金，不如得十人之心。得千斤黄金，或招五刑之罪；有十人同心，可宣于四海。"

按：本则出处待考。《史记》卷一百《季布传》云：曹丘至，即揖季布曰："楚人谚曰'得黄金百，不如得季布一诺'，足下何以得此声于梁楚间哉？"

189

下篇　录文校笺篇

264 又云："失我黄金，只贫一屋；失人赤心，将灭九族。"

按：本则出处待考。

265 夫学者及为于己，耳听心涤，目悦身履。

按：本则出处待考。《论语·宪问第十四》云："子曰：'古之学者为己，今之学者为人。'"

266 夫人之养身心（者）[1]多，养心者少。

[1]"者"字，据文义改。

按：本则出处待考。

267 又云：智者养神，愚者养身。小人忧其贫，君子忧其道。

按：本则出处待考。《论语·卫灵公第十五》云：子曰："君子谋道不谋食。耕也，馁在其中矣；学也，禄在其中矣。君子忧道不忧贫。"

268 夫人知礼节，则贪竞情息；知利顺，则嗔心怨止。

按：本则出处待考。

269 谚曰："贪如狼，佷似羊，不足以语是非。"

[1]"佷"字，古同"很"。

按：本则出处待考。"贪如狼，很似羊"出于《史记》。《史记》卷七《项羽本纪第七》云："因下令军中曰：'猛如虎，很如羊，贪如狼，强不可使者，皆斩之。'"

270 夫亡国之臣，不可以图存；败军之将，不可以语勇。

按：本则出于《史记》，文字略有不同。《史记》卷九十二《淮阴侯列传第三十二》云："广武君辞谢曰：'臣闻败军之将，不可以言勇，亡国之大夫，不可以图存。今臣败亡之虏，何足以权大事乎！'"又有《汉书》卷三十四《韩彭英卢吴传第四》云：广武君辞曰："臣闻'亡国之大夫不可以图存，败军之将不可以语勇。'若臣者，何足以权大事乎！"

271 夫廊庙之材，非一木之枝；帝王之功，非一士之智。

按：本则出于《慎子》，文字略有不同。《慎子·知忠》云："故廊庙之材,盖非一木之枝也;粹白之裘,盖非一狐之皮也;治乱安危、存亡荣辱之施,非一人之力也。"《汉书》卷四十三《郦陆朱刘叔孙传第十三》云:"廊庙之材非一木之枝,帝王之功非一士之略。"又有《三国志》卷十六《魏书·杜恕传》云:"是以古人称廊庙之材,非一木之支;帝王之业,非一士之略。"

272 夫地之美者善养禾,主之仁者善养士。

按:本则出于《汉书》,文字略有不同。《汉书》卷五十一《贾邹枚路传第二十一》云:"故地之美者善养禾,君之仁者善养士。"

273 夫女无美恶,入室见妒;士无贤不肖,入朝见嫉。

按:本则应出于《史记》。《史记》卷四十九《外戚世家第十九》云:"女无美恶,入室见妒;士无贤不肖,入朝见嫉。"又有《史记》卷八十三《鲁仲连邹阳列传第二十三》、《汉书》卷五十一《贾邹枚路传第二十一》、《新序》卷三《杂事第三》所述与本则内容略同。

274 谚曰:"偏听生奸,独任招乱。"

按:本则出于《史记》。《史记》卷八十三《鲁仲连邹阳列传第二十三》云:"故偏听生奸,独任成乱。"又有《汉书》卷五十一《贾邹枚路传第二十一》、《新序》卷三《杂事第二》所述与本则内容略同。

275 又云:"众口铄金,积毁消(销)[1]骨。"

[1]"销"字,据文义与引书改,王本径释作"销"。

按:本则出于《史记》。《史记》卷七十《张仪列传第十》云:"臣闻之,积羽沈舟,群轻折轴,众口铄金,积毁销骨,故愿大王审定计议,且赐骸骨辟魏。"《史记》卷八十三《鲁仲连邹阳列传第二十三》云:"众口铄金,积毁销骨也。"又有《汉书》卷五十一《贾邹枚路传第二十一》、《汉书》卷五十三《景十三王传第二十三》、《新序》卷三《杂事第二》所述与本则内容略同。

276 夫意合则胡越为兄弟,不合则骨肉为仇敌。

按:本则出于《汉书》。《汉书》卷五十一《贾邹枚路传第二十一》云："故意合则胡越为兄弟,由余、子臧是矣;不合则骨肉为仇敌,朱、象、管、蔡是矣。"

277 夫言出于口,不可塞;行发于身,不可掩。

按:本则出于《汉书》,文字略有不同。《汉书》卷五十六《董仲舒传第二十六》云:"言出于已,不可塞也;行发于身,不可掩也。"

278 夫善积而名显,德积而身尊。

按:本则出于《汉书》,文字略有不同。《汉书》卷五十六《董仲舒传第二十六》云:"故尧兢兢日行其道,而舜业业日致其孝,善积而名显,德章而身尊,以其浸明浸昌之道也。"

279 夫小人之立行,遑遑而求财利;君子立行,渐渐而求仁义。

按:本则出处待考。本则内容与《汉书》所述义近,《汉书》卷五十六《董仲舒传第二十六》云:"夫皇皇求财利常恐乏匮者,庶人之意也;皇皇求仁义常恐不能化民者,大夫之意也。"

280 夫君子居家,则尽心于二亲;居家(朝)[1],竭力于君主。

[1]"朝"字,据文义改。

按:本则出处待考。

281 山有猛兽,则桓柘为之不伐;园有蝮蛇,则藜藿为之不采。

按:本则出于《淮南子》,文字略有不同。《淮南子》卷十六《说山训》云:山有猛兽,林木为之不斩,园有螫虫,藜藿为之不采。《艺文类聚》卷六十五《产业部上·园》亦引。

282 夫腐木不可以为才,卑人不可以为主。

按:本则出于《汉书》。《汉书》卷七十七《盖诸葛刘郑孙毋将何传第四十七》云:"里语曰:'腐木不可以为柱,卑人不可以为主。'"《太平御览》卷二百二十三《职官部二十一·谏议大夫》引里语同。

283 孔子曰:"因民所利而利之,不亦患(惠)[1]乎?择其劳而劳之,焉有贪乎?"

[1]"患"字,当作"惠",据文义与引书改,王本作"患",误。

按：本则为孔子之言，出于《论语》，文字略有不同。《论语·尧曰第二十》云："子曰：'因民之所利而利之，斯不亦惠而不费乎？择可劳而劳之，又谁怨？'"

284 夫满堂饮酒，一人向隅，满室谓（为）[1]之不乐。

[1] "谓"字，当作"为"，王本径释作"为"。

按：本则出处待考，诸引书略同。《汉书》卷二十三《刑法志第三》云："古人有言：'满堂而饮酒，有一人乡隅而悲泣，则一堂皆为之不乐。'"又有《说苑》卷五《贵德》云："故圣人之于天下也，譬犹一堂之上也，今有满堂饮酒者，有一人独索然向隅而泣，则一堂之人皆不乐矣。"《太平御览》《艺文类聚》引《说苑》略同。

285 夫寒人于衣，不待华鲜；饥人于食，不待甘肥[1]；饥寒并至，不顾廉耻之行。虽慈母，不能保其子，以余而补不足，岂不妙哉！

[1] "甘肥"，同"甘旨"，亦指美味。

按：本则典出于《汉书》，为晁错之言，文字略有不同。《汉书》卷二十四上《食货志第四上》云："夫寒之于衣，不待轻暖；饥之于食，不待甘旨；饥寒至身，不顾廉耻。人情，一日不再食则饥，终岁不制衣则寒。夫腹饥不得食，肤寒不得衣，虽慈母不能保其子，君安能以有其民哉！"

286 丘山积卑而为高，江河积水而成海。

按：本则出于《庄子》。《庄子杂篇·则阳第二十五》云："是故丘山积卑而为高，江河合水而为大，大人合并而为公。"

287 夫敬人之不喜，侮[1]之不怒，可谓仁矣！

[1] "侮"字，王本释作"侮人"。

按：本则典出《庄子》，文字略有不同。《庄子杂篇·庚桑楚第二十三》云："故敬之而不喜，侮之而不怒者，唯同乎天和者为然。"

288 夫鸟巢不厌高，鱼潜不厌深。

按：本则出于《庄子》，文字略有不同。《庄子杂篇·庚桑楚第二十三》云："故鸟兽不厌高，鱼鳖不厌深。"

289 春气发而百草生，秋气发而万物成。

按：本则出于《庄子》，文字略有不同。《庄子杂篇·庚桑楚第二十三》云："夫春气发而百草生，正得秋而万宝成。"

290 夫贮[1]小者不可容大，绠短者不可以汲深。至人之性，见生而不喜，见死而不哀。

[1]"贮"字，通"褚"。

按：本则首句出于《庄子》。《庄子外篇·至乐第十八》云："褚小者不可以怀大，绠短者不可以汲深。"《太平御览》卷四百六十八《人事部一百九·忧上》引《庄子》同。

291 夫井底之鱼，不可说之于口（海）[1]；夏日之虫，不可语之于水（冰）[2]。

[1]"海"字，据文义与引书改。

[2]"冰"字，据文义与引书改。

按：本则典出于《庄子》，内容义近。《庄子外篇·秋水第十七》云："北海若曰：'井蛙不可以语于海者，拘于虚也；夏虫不可以语于冰者，笃于时也；曲士不可以语于道者，束于教也。'"又有《淮南子》卷一《原道训》云："夫井鱼不可与语大，拘于隘也；夏虫不可与语寒，笃于时也；曲士不可与语至道，拘于俗束于教也。"

292 夫好面誉人者，亦好背毁人。

按：本则出于《庄子》。《庄子杂篇·盗跖第二十九》云："丘虽不吾誉，吾独不自知邪？且吾闻之：'好面誉人者，亦好背而毁之。'"

293 又云："道不可闻，闻而非道；道不可见，见而非道。道[1]之为体，绝于闻见。夫道，近之不见其面，望之不睹其颜。"

[1]"道"字，据文义补。

按：本则出处待考。首句出于《庄子》，《庄子外篇·知北游第二十二》云："无始曰：'道不可闻，闻而非也；道不可见，见而非也；道不可言，言而非也。知形形之不形乎？道不当名。'"

294 又云："入兽不乱群，入鸟不乱行，必有至人之行矣！"

按：本则出于《庄子》，为孔子之言。《庄子外篇·山木第二十》引孔子之言，云："善哉！辞其交游，去其弟子，逃于大泽；衣裘褐，食杼栗；入兽不乱群，入鸟不乱行。鸟兽不恶，而况人乎！"

295 又云："人皆取先，己独取后；人皆竞清，己独招垢；自是非彼，人则贱之；彼此俱非，人则重之。"

按：本则出处待考。首句出于《庄子》，《庄子杂篇·天下第三十三》云："人皆取先，己独取后，曰：'受天下之垢。'人皆取实，己独取虚，无藏也故有余，岿然而有余。"

296 又云："君子远使之而观其忠，近使之而观其敬，委之以财而观其廉，方（告）[1]之以危而观其仁，示之以色而观其节。"

[1]"告"字，据文义与引书改。

按：本则出于《庄子》，为孔子之言，文字略有不同。《庄子杂篇·列御寇三十二》云："孔子曰：'凡人心险于山川，难于知天……故君子远使之而观其忠，近使之而观其敬，烦使之而观其能，卒然问焉而观其知，急与之期而观其信，委之以财而观其仁，告之以危而观其节，醉之以酒而观其侧，杂之以处而观其色。'"

297 谚曰："通（穿）[1]井以穿（通）[2]泉，冷疏（吟咏）[3]以通性。"

[1]"通"字，当作"穿"，据文义与引书改。

[2]"穿"字，当作"通"，据文义与引书改。

[3]"冷疏"，当作"吟咏"，据文义与引书改。

按：《庄子·列御寇》晋郭象注："夫穿井所以通泉，吟咏所以通性。"

298 夫遇长不敬，则失其礼；见贵不尊，则失其仁。

按：本则出于《庄子》，为孔子之言，文字略有不同。《庄子杂篇·渔父三十一》云："夫遇长不敬，失礼也；见贤不尊，不仁也。"

299 夫道万物之所由，失之者死，得之者生，逆之者败，顺之者成。

按：本则出于《庄子》，为孔子之言，文字略有不同。《庄子杂篇·渔父三十一》云："且道者，万物之所由也，庶物失之者死，得之者生，为事逆之则败，顺之则成。"

300 夫畏影者，走逾駃[1]而影逾随；避迹者，转急而迹转多。不知处阴以休影，静居以自迹。

[1]"駃"字，古通"快"。

按：本则出于《庄子》，文字略有不同。《庄子杂篇·渔父三十一》云："人有畏影恶迹而去之走者，举足愈数而迹愈多，走愈疾而影不离身，自以为尚迟，疾走不休，绝力而死。不知处阴以休影，处静以息迹，愚之甚矣！"

301 同类相从，同声相应，理之自然。

按：本则出于《庄子》，文字略有不同。《庄子杂篇·渔父三十一》云："同类相从，同声相应，固天之理也。"

302 夫鸟之自适，必翔于天；鱼之自恣，必没于渊，物各性然。

按：本则出处待考。

303 夫天不能无昼夜，人不能无死生。

按：本则出于《庄子》郭象注。《庄子·至乐第十八》郭象注为"死生为昼夜"作注，云："以生为昼，以死为夜，故天不能无昼夜，人焉能无死生！"

304 夫阳春自和，生长者未必俱忻[1]；阴秋自凄，凋落者未必尽恐。

[1]"忻"字，同"欣"。

按：本则出处待考。

305 夫其生也若寄，其死也若休，何为畏死而贪生。

按：本则出处待考，首句出于《庄子》，文字略有不同。《庄子外篇·刻意第十五》云："故无天灾，无物累，无人非，无鬼责。其生若浮，其死若休。"

306 夫道之可厌（献）[1]，则莫不厌（献）[2]之于主；道之可进，则进[1]之于视（亲）[2]；道之可告人，则告之于兄弟；道之可与人，则与之于子孙。

［1］［2］"厌"字，当为"献"，据文义与引书改。

［3］"则进"，据文义与引书补。

［4］"亲"字，据文义与引书改。

按：本则出于《庄子》，文字略有不同。《庄子外篇·天运第十四》云："老子曰：'然，使道而可献，则人莫不献之于其君；使道而可进，则人莫不进之于其亲；使道而可以告人，则人莫不告其兄弟；使道而可以与人，则人莫不与其子孙。'"

307 道者，听之不闻其声，视之不见其刑（形）[1]。

［1］"刑"字，当作"形"，据文义与引书改，王本径释作"形"，"刑"为"形"之借字。

按：本则出于《庄子》，文字略有不同。《庄子外篇·知北游第二十二》云："视之无形，听之无声，于人之论者，谓之冥冥，所以论道，而非道也。"

308 又云："视可见者，形与色；听可闻者，响与声。"

按：本则出于《庄子》，文字略有不同。《庄子外篇·大道第十三》云："故视而可见者，形与色也；听而可闻者，名与声也。"

309 夫五色乱目，使目不明；五音乱耳，使耳不聪。

按：本则出于《庄子》。《庄子外篇·天地第十二》云："且夫失性有五：'一曰五色乱目，使目不明；二曰五声乱耳，使耳不聪；三曰五臭薰鼻，困惾中颡；四曰五味浊口，使口厉爽；五曰趣舍滑心，使性飞扬。'"

310 夫孝子不谀其亲，忠臣不谄其君。

按：本则出于《庄子》。《庄子外篇·天地第十二》云：孝子不谀其亲，忠臣不谄其君，臣子之盛也。

311 夫君子之法，无所欲而天下足，通于一而万事毕，向来世不可待，往世不可追。

按：本则出于《庄子》，由二则内容合并而成。《庄子外篇·天地第十二》云："故曰：'古之畜天下者，无欲而天下足，无为而万物化，渊静而百姓定。'《记》曰：'通于一而万事毕，无心得而鬼神服。'"《庄子内篇·人间世第四》云："孔子适楚，楚狂接舆游其门曰：'凤兮凤兮，何如德之衰也！来世不可待，往世不可追也。'"

312 又云："君子日[1]哀无德，不哀无位。"

[1]"日"字，疑为衍文，当删。

按：本则出处待考。《国语·晋语九》云："臣闻之：'君子哀无人，不哀无贿；哀无德，不哀无宠；哀名之不令，不哀年之不登。'"本则内容与《国语》所述义近。

313《正典》曰："柔胜刚，阴胜阳；舌柔齿刚，舌存齿亡。"

按：《正典》为佚籍，故本则内容待考。《老子道德经河上公章句》卷四《任信第七十八》为"弱之胜强"作注，云："水能灭火，阴能消阳。"为"柔之胜刚"作注，云："舌柔齿刚，齿先舌亡。"本则或可补《正典》之阙佚。

314 为人之法，复入境而问楚（禁）[1]，亦入国而问俗，入门而问韩（讳）[2]，岂有犯乎？将上堂，声必扬。为人之子，出必辞，返必面。为子之礼，父召无诺，先生召无诺；父命之，手执业则投之，食在口则吐之。未有入室者不由于户，涉水不因于桥船。

[1]"楚"字，当作"禁"，据文义与引书改。

[2]"讳"字，据文义与引书改。

按：本则内容除"涉水不因于桥船"，其余皆出于《礼记》，由数则内容合并而成，文字略有不同。《礼记·曲礼上第一》云："入竟而问禁，入国而问俗，入门而问讳。"又同卷："将适舍，求毋固。将上堂，声必扬。"又同卷："夫为人子者，出必告，反必面，所游必有常，所习必有业。"又同卷："侍坐于先生，先生问焉，终则对。请业则起，请益则起。父召无诺，先生召无诺，唯而起。"《礼记·玉藻第十三》云："父命呼，唯而不诺，手执业则投之，食在口则吐之，走而不趋。"《礼记·礼器第十》云："故经礼三百，曲礼三千，其致一也。未有入室而不由户者。"

315 又云："曲木恶直绳，负罪怨明证。直绳者曲木之所憎，公平者奸匿[1]之所忌。"

[1]"匿"字，郝本作"慝"，"奸匿"与"奸慝"义同。

按：本则出处待考。《盐铁论》卷十《申韩第五十六》云："明理正法，奸邪之所恶而良民之福也。故曲木恶直绳，奸邪恶正法。"又有《意林》卷三引《潜夫论》云："谚曰：'曲木恶直绳，重罚恶明证。'"

316 欲知人病不嗜食，欲知国败不重贤。治国不得大贤，治病不得好药。

按：本则典出《潜夫论》。《意林》卷三引《潜夫论》云："欲知人将病不嗜食，欲知国将亡不嗜贤也。人非无嘉饥，病不能食，至于死。国非无贤人，君不能用，故速亡。理世不得真贤，犹治病不得真药。"

317 谚曰："病不著身令忍之，财不出己劝与之。"

按：本则典出《潜夫论》。《潜夫论·救边第二十二》云："谚曰：'痛不著身言忍之，钱不出家言与之。'"

318 夫富贵举动易为宜[1]，贫贱举动难为适。徐[2]行谓之饥虚，疾行谓之逃责。

[1]"宜"字，据文义与引书补。

[2]"徐"字，据文义与引书补。

按：本则出处待考。《潜夫论·交际第三十》云："故富贵易得宜，贫贱难得适，好服谓之奢僭，恶衣谓之困厄，徐行谓之饥馁，疾行谓之逃责。"本则与《潜夫论》所述义近。

319 水之为性，静之则流清，动之则波浊。

按：本则出处待考。

下篇 录文校笺篇

320 夫人见贫贱，轻之如沙砾；见富贵者，重之如珠玉。

按：本则出处待考。

321 仁者闻一善言，见一善事，急急行之，唯恐不及；又闻一恶言，见一恶事，战战避之，唯恐不远（速）[1]。

[1]"远"字，当作"速"，萧旭《敦煌写卷 S.1380〈应机抄〉补笺》："《孟子·尽心上》：'（舜）闻一善言，见一善行，若决江河，沛然莫之能御也。'是其所本。"

按：本则出于《物理论》，文字略有不同。《意林》卷五引《物理论》云："闻一善言，见一善事，行之唯恐不及；闻一恶言，见一恶行，远之唯恐不速。"

322 谚曰："割（害）[1]人利己，天下雠之；损己利人，天下归之。"

[1]"害"字，据文义改。

按：本则出处待考。

323 又云："风而枯者先折，霜而衰者前凋。"

按：本则出处待考。

324 若乱君虐政令者，廉海（悔）[1]不为贪，清者恐而思浊。

[1]"海"字，当作"悔"，据文义改。

按：本则出处待考。

325 夫以刑求安者，犹逢火止沸；以狱济乱者，以怀冰救寒。

按：本则出处待考。

326 夫人君之道，明耳目以采风声，进直言而求得失。

按：本则出于《典语》，文字略有不同。《群书治要》卷四十八《典语》云："故古之圣帝，立辅弼之臣，列官司之守，劝之以爵赏，戒之以刑罚，故明诫以效其功，考绩以核其能，德高者位尊，才优者位重，人主总君谟以观众智，杖忠贤而布政化，明耳目以来风声，进直言以求得失。"

327 绊骐骥之足，则武步之间不能发其蹈；断鸿雁之翮，令尺寸之中不能奋其羽。

按：本则出处待考。《意林》卷六引《典语》云："绊骐骥之足，虽跬步不能发；断鸿鹄之翮，虽寻常不能奋。"故本则与《典语》所述义近。

328 又云："逸足难相，骐骥所以垂耳于盐车；逸士难成，韩信所以困辱于跨下。"

按：本则出处待考，但本则所述之事分别见于《战国策》《史记》。《战国策》卷十七《楚四》云："汗明曰：'君亦闻骥乎？夫骥之齿至矣，服盐车而上太行。蹄申膝折，尾湛胕溃，漉汁洒地，白汗交流；中阪迁延，负辕不能上。伯乐遭之，下车攀而哭之，解纻衣以幂之。骥于是俛而喷，仰而鸣，声达于天，若出金石声者，何也？彼见伯乐之知己也。'"《史记》卷九十二《淮阴侯列传第三十二》云："淮阴屠中少年有侮信者，曰：'若虽长大，好带刀剑，中情怯耳。'众辱之曰：'信能死，刺我；不能死，出我袴下！'于是信孰视之，俛出袴下，蒲伏。一市人皆笑信，以为怯。"

329 又云："遭伯乐而骋趾，然后千里之迹显；值高祖而当志，然后勇略之功立。"

按：参见 328 则。

330 又云："春气暖而玄鸟至，秋风扇而寒蝉吟，时使之然。"

按：本则出处待考。《礼记》月令第六云："仲春之月……是月也，玄鸟至。"又云："孟秋之月，日在翼……凉风至，白露降，寒蝉鸣，鹰乃祭鸟，用始行戮。"

331 夫冲风之擢（摧）[1]枯枝，烈火之焚衰草，亦无可救也。

[1]"摧"字，据文义与引书改。

按：本则出《典语》，文字略有不同。《太平御览》卷八百六十九《火部二·火下》引《典语》曰："冲风之摧枯枝，烈火之炎寒草，武王伐纣，势然也。"

332 又风雨可得障蔽者，以其有刑（形）[1]；寒暑不可关塞者，以其无体也。

[1]"刑"字,当作"形"。

按:本则出处待考,内容与《淮南子》所述义近。《淮南子》卷十五《兵略训》云:"风雨可障蔽,而寒暑不可开闭,以其无形故也。"

333 夫上尊而下卑,则主过而不问(闻)[1];君轻而臣重,则威禁而不制。

[1]"问"字,当作"闻",据文义改。

按:本则出处待考。

334 又云:"虽有离娄之目,不能两视;虽有夔、旷之耳,不能两听。"

按:本则出处待考。《孟子》卷七《离娄上》云:"孟子曰:'离娄之明,公输子之巧,不以规矩,不能成方员;师旷之聪,不以六律,不能正五音;尧、舜之道,不以仁政,不能平治天下。'"《荀子·劝学第一》云:"目不能两视而明,耳不能两听而聪。"

335 《管子》曰:"吾畏事,故不敢为事;吾畏言,故不敢为言,岂非慎哉?"

按:本则出于《管子》,文字略有不同。《管子·枢言第十二》云:"吾畏事,不欲为事;吾畏言,不欲为言,故行年六十而老吃也。"

336 谚曰:"岁在申酉,乞浆得酒;岁在辰巳,嫁妻卖子。"

按:本则应出于《袁子正书》。《太平御览》卷十七《时序部二》引《袁子正书》云:"岁在申酉,乞浆得酒;岁在辰巳,嫁妻卖子。夫盛衰更代,丰荒相半,天之常道也。"

337 视道德如草芥,忽仁义若风尘,恐非名士所为也。

按:本则出处待考。"视如草芥"出于《孟子》,《孟子》卷八《离娄下》云:"孟子告齐宣王曰:'君之视臣如手足,则臣视君如腹心;君之视臣如犬马,则臣视君如国人;君之视臣如土芥,则臣视君如寇仇。'"

338 《院(阮)[1]子》曰:"君子暇预[2]则思道义,小人暇预[3]则思商利。"

［1］"院"字，疑为作者误写，应改为"阮"。

［2］［3］"预"字，同"豫"，欢喜、快乐。

按：本则出于《阮子》，文字略有不同。《意林》卷四引《阮子》云："君子暇豫则思义，小人暇豫则思邪。"

339 又云："知进于道，则成君子；行违于礼，则为小人。"

按：本则出处待考。

340 又云："清醑芳醴，则乱人性；红华嘉质，则伐人命。"

按：本则出处待考，内容与《抱朴子》所云义近。《抱朴子内篇·畅玄》云："宴安逸豫，清醑芳醴，乱性者也。冶容媚姿，铅华素质，伐命者也。"

341 又云[1]："披寻仞之陇，责以干天之木；漉牛迹之水，索以吞舟之鱼，安可得乎！"

［1］"云"字，据文义补。

按：本则出于《金楼子》，文字略有不同。《金楼子》卷四《立言篇九下》云："良匠能与人规矩，不能使人巧；明师授人书，不能使人。搜寻仞之陇，求干天之木；望牛迹之水，求吞舟之鱼，未可得也。"

342 古人云："春阳不能荣枯朽，上智不能移下愚。"

按：本则出于《抱朴子》，文字略有不同。《抱朴子内篇·金丹》云：盛阳不能荣枯朽，上智不能移下愚，书为晓者传，事为识者贵。

343 又云："铜盘承水于夕阳（月）[1]，金燧引火于朝光，异类相感，不其然乎！"

［1］"阳"字，当作"月"，据文义与引书改。

按：萧旭《敦煌写卷 S.1380〈应机抄〉补笺》云："《抱朴子内篇·对俗》：'今数见人以方诸求水于夕月，阳燧引火于朝日。'写卷'夕'下脱'月'字，'阳'字下属，'阳'、'金'二字当衍其一。'阳燧'即'金燧'。考《周礼·秋官·司寇》：'司烜氏掌以夫遂取明火于日，以鉴取明水于月。'注：'夫遂，阳遂也。'《淮南子·览冥篇》：'夫阳燧取火于日，方诸取露于月。'是取水当于月也。"

344 夫脂非火种，水非鱼属，然脂[1]竭则火灭，水涸则鱼死。

[1] "脂"字，据文义与引书补。

按：本则应出于《抱朴子》，文字略有不同。《抱朴子内篇·对俗》云："脂非火种，水非鱼属，然脂竭则火灭，水竭则鱼死，伐木而寄生枯，芟草而兔丝萎，川蟹不归而蛣败，桑树见断而蠹殄，触类而长之，斯可悟矣。"

345 《易》曰："立天下之道阴与阳，立地之道曰柔与刚，立人之道曰仁与义。"

按：本则出于《周易》。《周易·说卦》云："昔者圣人之作《易》也，将以顺性命之理，是以立天之道曰阴与阳，立地之道曰柔与刚，立人之道曰仁与义。"

346 《管子》曰："仓廪实，知礼节；衣食足，知荣辱。不务天时，则财不生；不务地利，则仓不盈。"

按：本则出于《管子》。《管子·牧民第一》云："国多财则远者来，地辟举则民留处，仓廪实则知礼节，衣食足则知荣辱……不务天时则财不生，不务地利则仓廪不盈。"《意林》卷一引《管子》云："仓库实知礼节，国多财远者来，衣食足知荣辱。"

347 《孙卿子》曰："与人善言，煖于布帛；与人恶言，深于矛戟；赠人以言，重于金石珠玉；观人以言，美于黼黻文章；听人以言，乐于钟鼓琴瑟。"

按：本则出于《孙卿子》，《孙卿子》又称《荀子》，本则由《荀子》中二则内容合并而成。《荀子·荣辱第四》云："故与人善言，煖于布帛；伤人之言，深于矛戟。"《荀子·非相第五》云："故赠人以言，重于金石珠玉；观人以言，美于黼黻文章；听人以言，乐于钟鼓琴瑟。"

348 东方朔曰："天不为人之恶寒而辍其冬，地不为人之恶险而辍其实，君子不为小 人[1] 之匈 匈[2] 而遍（易）[3] 其行。天有常度，地有常形，君子有常行。"

［1］"人"字，据文义与引书补。

［2］"匈"字，据文义与引书补。

［3］"遍"字，当作"易"，据文义与引书改。

按：本则为东方朔之言，出于《汉书》，文字略有不同。《汉书》卷六十五《东方朔传第三十五》云：朔因著论，设客难己，用位卑以自慰谕。其辞曰："……'天不为人之恶寒而辍其冬，地不为人之恶险而辍其广，君子不为小人之匈匈而易其行。''天有常度，地有常形，君子有常行；君子道其常，小人计其功。'"又有《荀子·天论第十七》云："天不为人之恶寒也辍冬，地不为人之恶辽远也辍广，君子不为小人之匈匈也辍行。天有常道矣，地有常数矣，君子有常体矣。"

349 谚曰："日月丽天，瞻之不坠；仁义在躬，用之不匮。"

按：本则出于《晋书》。《晋书》卷九十二《袁宏传》云："日月丽天，瞻之不坠。仁义在躬，用之不匮。尚想遐风，载揖载味。后生击节，懦夫增气。"

350《尸子》曰："审一经，百事成；审一纪，百事理。"

按：本则出于《尸子》，文字略有不同。《尸子·发蒙》云："是故曰：'审一之经，百事乃成；审一之纪，百事乃理。'"

351《韩子》曰："目短于自见，故以镜观面；身短于自知，故以道正己。面失镜，则无以正鬓眉；人失道，则无以知迷惑。"

按：本则出于《韩非子》，文字略有不同。《韩非子·观行第二十》四云："古之人目短于自见，故以镜观面；智短于自知，故以道正己。镜无见疵之罪，道无明讨之恶。目失镜，则无以正鬓眉；身失道，则无以知迷惑。"《意林》卷一引《韩子》云："古之人目短于自见，故以镜观面；身短于自知，故以道正己。失镜无以正鬓眉；失道无以知迷惑。"

352 司马虎（彪）[1]曰："人而不学，譬之曰视肉；学而不行，谓之曰撮囊。"

[1]"虎"字，疑为误写，应改为"彪"。

按：本则出于《庄子》，文字略有不同。《太平御览》卷六百七《学部一》引《庄子》曰："人而不学谓之视肉，学而不行命之撮囊。"

353《慎子》曰："有权衡者，不可欺以轻重；有尺寸者，不可差之短长；有法度者，不可巧以诈伪。"

按：本则出于《慎子》。《慎子·逸文》云："有权衡者，不可欺以轻重；有尺寸者，不可差以长短；有法度者，不可巧以诈伪。"《太平御览》卷四百二十九《人事部七十》引《慎子》同。

354 周生烈曰："让一得百，争十失九。"

按：本则出于《周生烈子》。《意林》卷五引《周生烈子》云："矜赏若春，重罚若秋；行礼若火，流教若水。让一得百，争十失九。"

355 仲长[1]曰："非其人，不与语；非其友，不与处。"

[1]"仲长"，汉末"仲长统"的省称，王本与郝本据补"统"字。

按：本则出处待考。

356 魏文侯曰："法者，主之柄；吏者，人之命。法欲简而明，吏欲公而平。"

按：本则出于《典论》，为魏文侯之言。《意林》卷五引《典论》云："法者，主之柄；吏者，民之命。法欲简而明，吏欲公而平。"

357 徐干曰："初学如夜如（在）[1]玄室，所求不得；白日照焉，群物斯弁。"

[1]"如"字，当作"在"，据文义与引书改，郝本作"入"，误。

按：本则出于《中论》，为徐干之言。《太平御览》卷六百七《学部一》云："徐伟长《中论》曰：'学者，疏神、达思、治情、理性也。初学则如夜在玄室，所求不得。白日照焉，则群物斯辨。'"

《应机抄》卷下

358 鲁恭曰:"以德胜人者昌,以力胜人者亡。"

按:本则为鲁恭之言,出于《后汉书》。《后汉书》卷二十五《鲁恭传》云:"夫以德胜人者昌,以力胜人者亡。"

359《列仙传》云:"事亲不孝,事君不忠,处敬(家)[1]不义,则居不理。"

[1]"敬"字,当作"家",据文义与引书改。

按:本则并非出于《列仙传》,而出于《列女传》,文字略有不同。《太平御览》卷五百二十《宗亲部十·夫妻》引刘向《列女传》云:"夫事亲不孝,则事君不忠。处家不义,则治官不理。"

360 曹植曰:"寒者不贪尺玉,而思短褐,饥者不愿千金,而美一餐。"

按:本则为曹植之言,出于《曹植集》。《艺文类聚》卷五《岁时下·寒》云:"陈王曹植表曰:'臣闻寒者不贪尺玉而思短褐,饥者不原千金而美一餐,夫千金尺玉至贵,而不若一餐短褐者,物有所急也。'"

361 司马师曰:"荆山之璞虽美,不磨琢,不得以成其宝;颜冉之才虽茂,非训学,不足以弘其量。"

按:本则为司马师之言,出于《晋书》,文字略有不同。《晋书》卷二《帝纪第二》引司马师之言,云:"荆山之璞虽美,不琢不成其宝;颜冉之才虽茂,不学不弘其量。"

362《古诗》曰:"甘瓜抱苦蒂,美枣生刺棘;利傍有倚力(刀)[1],贪人还自贼。"

[1]"刀"字,据文义与引书改,王本与郝本皆作"力",误。

按:本则出于汉代无名氏的一首古诗。《太平御览》卷九百七十八《菜茄部三·瓜》引《古诗》曰:"甘瓜抱苦蒂,美草生荆棘。爱利防有刀,贪人自还贼。"《古诗源·古诗二首》云:"甘瓜抱苦蒂,美枣生荆棘。利傍有倚刀,贪人还自贼。"

363 马廖曰:"吴王好剑客,百姓有疮瘢;楚王发细腰,宫中多饿死；城中好高髻，四方高一尺；城中好广眉，四方阔[1]半额；城中好长袖，四方用疋[2]帛。"

[1]"阔"字，王本作"门"，误。

[2]"疋"字，通"匹"。

按：本则为马廖之言，出于《后汉书》。《后汉书》卷二十四《马廖传》云："传曰：'吴王好剑客，百姓多创瘢；楚王好细腰，宫中多饿死。'长安语曰：'城中好高髻，四方高一尺；城中好广眉，四方且半额；城中好大袖，四方全匹帛。'"

364 班彪曰："与善人居，不能不[1]为善，犹生长于齐，不能不齐言；与恶人居，不能不[2]为恶，犹生长于楚，不能不楚语。"

[1][2]"不"字，据文义与引书补。

[3]"能不"，据文义与引书补。

按：本则为班彪引贾谊之言，出于《后汉书》，文字略有不同。《后汉书》卷四十上《班彪传》云：彪上言曰："孔子称'性相近，习相远也'。贾谊以为'习为善人居，不能无为善，犹生长于齐，不能无齐言也。习与恶人居，不能无为恶，犹生长于楚，不能无楚言也'。"《意林》卷二引贾谊《新书》云："与正人居，不能无正人也，犹生长于楚，不能无楚语。"

365 陆贾曰："君子以义相褒，小人以利相欺，愚者以力相乱，智者以德相治。"

按：本则为陆贾之言，出于《新语》，文字略有不同。《新语·道基第一》云：君子以义相褒，小人以利相欺，愚者以力相乱，贤者以义相治。

366 《王氏春秋》曰："君（军）[1]无财，士不来；君（军）[2]无赏，士不往。故香饵之下，必有悬鱼；重赏之下，必有死夫。"

[1][2]"军"字，据文义与引书改。

按：本则出于《三略》，由二则内容合并而成。黄石公《三略·上略》云："《军谶》曰：'军无财，士不来；军无赏，士不往。'《军谶》曰：'香饵之下，必有死鱼；重赏之下，必有勇夫。'"又有《神机制敌太白阴经》卷五《预备》云："经曰：'军无财，士不来；军无赏，士不往。香饵之下，必有悬鱼；重赏之下，必有死夫。夫兴兵不有财帛，何以结人心哉？'"

367 《淮南子》曰："天下有至贵而非爵位，有至富而非金玉，有至寿而非千载。德备则贵，知知则富，明生死之分则寿。"

按：本则出于《淮南子》，文字略有不同。《淮南子》卷十《缪称训》云："天下有至贵而非势位也，有至富而非金玉也，有至寿而非千岁也。原心反性则贵矣，适情知足则富矣，明死生之分则寿矣。"又有《太平御览》卷四百五十九《人事部一百》引《韩子》曰："天下有至贵而非势位也，有至富而非金玉也，有至寿而非千岁也。愿恕反性则贵矣，适情智足则富矣，明生死之分则寿矣。"

368 诸葛亮曰："势力之交，易以倾移；意气之交，难以经久。"

按：本则出处待考。《太平御览》卷四百六《人事部四十七》引《要览》曰："诸葛亮曰：'势利之交，难以经远。士之相知，温不增华，寒不改叶，能贯四时而不衰，历夷险而益固。'"

369 晏子曰："君子居必择邻，游必就士。"

按：本则为晏子之言，出于《晏子春秋》，文字略有不同。《晏子春秋》卷五《内篇杂上第五》云："婴闻之，君子居必择邻，游必就士，择居所以求士，求士所以辟患也。"

370 范晔曰："贵者莫负势而骄士，才者莫负[1]能而遗行。"

[1] "负"字，据文义与引书补。

按：本则出于《后汉书》，内容义近。《后汉书》卷二十八下《冯豹传》云："论曰：'夫贵者负势而骄人，才士负能而遗行，其大略然也。'"

371 《风俗通》曰："饮人酒者归躅樽，殴人父者归闭门。"

按：今本《风俗通》不见本则，故本则出处待考。本则或可补《风俗通》之阙佚。

372 《阮子》曰："君子暇预则思义，小人暇预则思邪。"

按：本则与338则同。

373 《司马法》曰："闲习礼度，不如式瞻轨仪；讽味遗言，未若亲承辞旨。"

按：《司马法》是中国古代重要兵书之一，亡佚很多，现仅残存五篇，并无本则内容。又因本则内容与军事无关，疑为作者误引，故本则应出于《晋书》。《晋书》卷七十五《王承传》云："夫学之所益者浅，体之所安者深。闲习礼度，不如式瞻仪形；讽味遗言，不若亲承音旨。"

374 《庄子》曰："欲人饭之，必精其未[1]；欲人敬之，当卑其体。"

[1]"未"字，同"味"。《说文》："未，味也。"

按：今本《庄子》并无本则内容，故出处待考。本则或可补《庄子》之阙佚。

375 《韩诗》："子贡曰：'终日戴天，而不能度天之高；终身履地，而不能测地之厚。若臣之事仲尼，犹渴饮于东海，满腹而去，安知海之深浅哉！'"

按：本则出于《韩诗外传》，为子贡之言，文字略有不同。《韩诗外传》卷八云："子贡曰：'臣终身戴天，不知天之高也。终身践地，不知地之厚也。若臣之事仲尼，譬犹渴操壶杓，就江海而饮之，腹满而去，又安知江海之深乎？'"

376 《周书》曰："天子见怪则修德，诸侯见怪则修政，卿大夫见怪则修职，士见怪则修身。"

按：本则出于《周书》。《后汉书》卷五十四《杨赐传》引《周书》曰："天子见怪则修德，诸侯见怪则修政，卿大夫见怪则修职，士庶人见怪则修身。"《新论·谴非第六》引《周书》同。本则中的《周书》并非指唐令狐德棻主编，记载北周宇文氏建立的周朝（557—581）的纪传体史书，而是指《尚书》中的《周书》。

377 葛洪曰："涉园（圆）[1]流者，採珠而捐蚌；登荆山者，拾玉而弃石。"

[1]"园"字,当作"圆",王本与郝本皆作"源",误。

按:本则出于《抱朴子》,为葛洪之言,文字略有不同。《太平御览》卷六百二《文部十八》引《抱朴子》云:"咏圆流者采珠而捐蚌,登荆岭者拾玉而弃石,余之抄略,譬犹摘翡翠之藻羽,脱犀象之角牙。"

378 魏文帝曰:"人有七尺之形,死为一棺之土,唯立德扬名,可以不朽。"

按:本则出于《魏书》,为魏文帝之言,文字略有不同。《三国志·魏志·曹丕传》裴注引《魏书》曰:"帝初在东宫,疫疠大起,时人彫伤,帝深感叹,与素所敬者大理王朗书曰:'生有七尺之形,死唯一棺之土,唯立德扬名,可以不朽,其次莫如著篇籍。'"

379《吕氏春秋》曰:"石可碎,而不可夺其坚;朱可磨,而不可磨其赤,夫自然之性不可革。"

按:本则出于《吕氏春秋》,文字略有不同。《吕氏春秋》季冬纪第十二《诚廉》云:"四曰:'石可破也,而不可夺坚;丹可磨也,而不可夺赤。坚与赤,性之有也。'"

380《抱朴子》曰:"夫见玉而[1]指之[2]曰石,非玉不真也,待和氏而复(后)[3]识;见龙而命之曰蛇,非龙不神也,□□□□□□□。"

[1]"而"字,据文义与引书补。
[2]"之"字,据文义与引书补。
[3]"复"字,当作"后",据文义与引书改。

按:本则出于《抱朴子》,文字略有不同。《抱朴子内篇·塞难》云:"夫见玉而指之曰石,非玉之不真也,待和氏而后识焉。见龙而命之曰蛇,非龙之不神也,须蔡墨而后辨焉。"

主要参考文献

一 古籍与古籍整理

（春秋）左丘明、杨伯峻注：《春秋左传注》，中华书局1981年版。

（战国）管仲：《管子》，辽宁教育出版社1997年版。

（北齐）魏收：《魏书》，中华书局1974年版。

（北魏）郦道元著，陈桥驿校证：《水经注校证》，中华书局2007年版。

（东汉）班固：《汉书》，中华书局1999年版。

（东汉）王符、汪继培笺：《潜夫论笺正》，中华书局1985年版。

（东汉）袁康辑录，俞纪东译注：《越绝书全译》，贵州人民出版社1996年版。

（后晋）刘昫等：《旧唐书》，中华书局1975年版。

（晋）郭象注，（唐）成玄英疏：《南华真经注疏》，中华书局1998年版。

（晋）袁宏撰，周天游校注：《后汉纪校注》，天津古籍出版社1987年版。

（梁）沈约：《宋书》，中华书局1974年版。

（刘宋）范晔：《后汉书》，中华书局1999年版。

（南朝）萧统编，李善注：《文选》，中华书局1977年版。

（魏）曹植著，赵幼文校注：《曹植集》，人民文学出版社1998年版。

（西汉）韩婴撰，许维遹校释：《韩诗外传》，中华书局1980年版。

（西汉）河上公著，王卡点校：《老子道德经河上公章句》，中华书局1993年版。

（西汉）刘向著，缪文远等译注：《战国策》，中华书局2006年版。

（西汉）刘向撰，向宗鲁校证：《说苑校证》，中华书局1987年版。

（西汉）司马迁：《史记》，中华书局1999年版。

（西晋）陈寿：《三国志》，中华书局1959年版。

（西晋）陈寿撰，裴松之注：《三国志》，中华书局1982年版。

（西晋）陆云撰，黄葵点校：《陆云集》，中华书局1988年版。

（唐）长孙无忌等：《唐律疏议》，中华书局1983年版。

（唐）杜佑撰，王文锦等点校：《通典》，中华书局1988年版。

（唐）房玄龄：《晋书》，中华书局1974年版。

（唐）李林甫撰，陈仲夫点校：《唐六典》，中华书局1992年版。

（唐）刘肃撰，许德楠、李鼎霞点校：《大唐新语》，中华书局1984年版。

（唐）刘知几撰，赵吕甫校注：《史通新校注》，重庆出版社1990年版。

（唐）马总：《意林》，四部备要本。

（唐）马总撰，王天海译注：《意林全译》，贵州人民出版社1997年版。

（唐）欧阳询：《艺文类聚》，中华书局1965年版。

（唐）魏征等：《群书治要》，四部丛刊本。

（唐）魏征等：《隋书》，中华书局2000年版。

（唐）魏征：《群书治要》，商务印书馆1936年版。

（唐）吴兢撰：《贞观政要》，上海古籍出版社1978年版。

（唐）徐坚等：《初学记》，中华书局1962年版。

（唐）虞世南：《北堂书钞》，学苑出版社影印本1998年版。

（宋）李昉等：《太平御览》，中华书局1960年版。

（宋）欧阳修等：《新唐书》，中华书局1975年版。

（宋）司马光：《资治通鉴》，中华书局1956年版。

（宋）王溥：《唐会要》，中华书局1955年版。

（清）陈立撰，吴则虞点校：《白虎通疏证》，中华书局1994年版。

（清）阮元校刻：《十三经注疏》，中华书局1980年版。

（清）王聘珍撰，王文锦点校：《大戴礼记解诂》，中华书局1983年版。

（清）王先谦撰，沉啸寰、王星贤点校：《荀子集解》，中华书局1988年版。

（清）王先慎撰，钟哲点校：《韩非子集解》，中华书局2003年版。

（清）永瑢等撰：《四库全书总目》，中华书局1965年版。

《俄藏敦煌文献》（第1—17册），上海古籍出版社1992—2005年版。

《法藏敦煌西域文献》（第1—34册），上海古籍出版社1995—2003年版。

《英藏敦煌文献》（第1—14册），四川人民出版社1990—1995年版。

曹胜高、安娜译注：《六韬·鬼谷子》，中华书局2007年版。

敦庆藩辑：《庄子集释》，中华书局1961年版。

管曙光主编：《诸子集成二》（管子、商君书、慎子、韩非子、孙子、吴子、尹子、吕氏春秋），长春出版社1991年版。

何宁撰：《淮南子集释》，中华书局1988年版。

黄怀信：《鹖冠子汇校集注》，中华书局2004年版。

黄晖撰：《论衡校释》，中华书局1990年版。

李伯勋撰：《诸葛亮集笺论》，陕西人民出版社1997年版。

李学勤编：《十三经注疏·春秋左传正义》，北京大学出版社1999年版。

王国轩、王秀梅译注：《孔子家语》，中华书局2009年版。

王利器校注：《盐铁论校注》（定本），中华书局1992年版。

王明：《抱朴子内篇校释》，中华书局1986年版。

许维遹撰：《吕氏春秋集释》，中华书局2009年版。

杨明照撰：《抱朴子外篇校笺》，中华书局1991年版。

朱谦之撰：《老子校释》，中华书局2000年版。

二 研究著作与资料汇编

《辞海（1999年版缩印本）》，上海辞书出版社2000年版。

《辞源》，商务印书馆1980年版。

《汉语大词典》，上海辞书出版社1986年版。

陈垣：《史讳举例》，台北三民出版社1997年版。

戴克瑜、唐建华主编：《类书的沿革》，四川省图书馆学会编印1981年版。

敦煌研究院编：《敦煌遗书总目索引新编》，中华书局2000年版。

冯浩菲：《中国古籍整理体式研究》，高等教育出版社2003年版。

高绍先：《春秋战国时期的论辩文化》，法律出版社2010年版。

韩国磐：《隋唐五代史纲》，人民出版社1977年版。

郝春文、金滢坤编著：《英藏敦煌社会历史文献释录（第5卷）》，社会科学文献出版社2006年版。

胡道静：《中国古代的类书》，中华书局1982年版。

黄永武编：《敦煌遗书最新目录》，台北新文丰出版有限公司1986年版。

刘叶秋：《类书简说》，上海古籍出版社1980年版。

马其昶：《韩昌黎文集校注》，上海古籍出版社1984年版。

戚志芬：《中国的类书、政书和丛书》，商务印书馆1996年版。

屈直敏：《敦煌写本类书〈励忠节钞〉研究》，民族出版社2007年版。

荣新江：《敦煌学十八讲》，北京大学出版社2001年版。

荣新江：《归义军史研究——唐宋时代敦煌历史考索》，上海古籍出版社1996年版。

宋大川：《唐代教育体制研究》，山西教育出版社1998年版。

王建：《中国古代避讳史》，贵州人民出版社 2002 年版。

王三庆：《敦煌类书》，高雄丽文文化事业股份有限公司 1993 年版。

王新华：《避讳研究》，齐鲁书社 2007 年版。

王重民编：《敦煌遗书总目索引》，商务印书馆 1962 年版。

王重民等：《敦煌变文集》，人民文学出版社 1957 年版。

吴枫：《中国古典文献学》，齐鲁书社 2005 年版。

夏南强：《类书通论》，湖北人民出版社 2001 年版。

向达：《唐代长安与西域方明》，河北教育出版社 2001 年版。

许逸民、常振国编：《中国历代书目丛刊》第一辑上册，现代出版社 1987 年版。

岳纯之：《唐代官方史学研究》，天津人民出版社 2003 年版。

张涤华：《类书流别》，商务印书馆 1985 年版。

赵含坤：《中国类书·凡例》，河北人民出版社 2005 年版。

郑阿财：《敦煌写卷〈新集文词九经抄〉研究》，台北文史哲出版社 1989 年版。

郑阿财、朱凤玉：《开蒙养正——敦煌的学校教育》，甘肃教育出版社 2007 年版。

郑阿财、朱凤玉：《敦煌蒙书研究》，甘肃教育出版社 2002 年版。

郑炳林：《敦煌碑铭赞辑释》，甘肃教育出版社 1992 年版。

周丕显：《敦煌文献研究》，甘肃文化出版社 1995 年版。

周一良、赵和平：《唐五代书仪研究》，中国社会科学出版社 1995 年版。

庄芳荣：《中国类书总目初稿（书名·著者索引篇)》，台湾学生书局 1983 年版。

[日] 长泽规矩也编：《和刻本类书集成》，汲古书院 1976—1977 年版。

[日] 池田温主编：《讲座敦煌五·敦煌汉文文献》，日本大东出版社 1992 年版。

[日] 神田喜一郎辑:《敦煌秘籍留真新编·序》,《敦煌丛刊初集》第 13 册 1985 年版。

白化文:《敦煌遗书中的类书简述》,《中国典籍与文化》1999 年第 4 期。

卞仁海:《古籍整理和文史研究应注意避讳问题》,《漯河职业技术学院学报》2008 年第 6 期。

陈学凯:《汉代儒学的关注与局限》,《南开学报》(哲学社会科学版) 2011 年第 4 期。

窦怀永:《唐代俗字避讳试论》,《浙江大学学报》(人文社会科学版) 2009 年第 3 期。

窦怀永、许建平:《敦煌写本的避讳特点及其对传统写本抄写时代判定的参考价值》,《敦煌研究》2004 年第 4 期。

耿彬:《敦煌写本类书〈应机抄〉的性质、内容及成书年代研究》,《敦煌学辑刊》2012 年第 1 期。

黄维忠、郑炳林:《敦煌本〈修文殿御览残卷〉考释》,《敦煌学辑刊》1995 年第 1 期。

金光一:《〈群书治要〉研究》,博士学位论文,复旦大学,2010 年。

金滢坤:《唐五代科举制度对童蒙教育的影响》,《浙江师范大学学报》(社会科学版) 2012 年第 1 期。

李强:《敦煌写本〈籯金〉研究》,博士学位论文,兰州大学,2008 年。

李正宇:《敦煌学郎题记辑注》,《敦煌学辑刊》1987 年第 1 期。

李正宇:《唐宋时代的敦煌学校》,《敦煌研究》1986 年第 1 期。

刘明:《敦煌类书残卷所见先唐诗歌校考(下)》,《敦煌学研究》2007 年第 2 期。

刘全波:《魏晋南北朝类书编纂研究》,博士学位论文,兰州大学,2012 年。

任丽鑫:《敦煌类书叙录》,硕士学位论文,兰州大学,2008 年。

沙梅真：《敦煌本〈类林〉研究》，博士学位论文，兰州大学，2010年。

邰惠莉：《敦煌本〈六字千文〉初探》，《敦煌研究》1997年第1期。

谭宏彦：《论唐代的私学教育》，《民办教育研究》2008年第2期。

涂英：《试析唐代教育兴盛发达的原因》，《中华女子学院学报》2000年第2期。

王昌东：《论〈意林〉的教育意义及其时代价值》，《赤峰学院学报》（汉文哲学社会科学版）2007年第6期。

王连增：《隋唐五代时期教育思想论析》，《蒲峪学刊》1993年第1期。

魏迎春：《敦煌写本S.5604〈籯金〉残卷研究》，《敦煌学辑刊》2011年第4期。

魏迎春、郑炳林：《敦煌写本李若立〈籯金〉残卷研究》，《敦煌学辑刊》2011年第3期。

萧旭：《敦煌写卷S.1380〈应机抄〉补笺》，《敦煌学研究》2009年第2期。

许建平：《敦煌本〈修文殿御览〉录校补正》，《敦煌研究》2010年第1期。

张春辉：《类书的类型与编排》，《文献》1998年第2期。

张政烺：《敦煌写本杂抄跋》，见《周叔弢先生六十生日纪念文集》，香港：龙门书店1950年版。后收入《张政烺文史论集》，中华书局2004年版。

郑阿财：《敦煌写卷〈新集文词九经抄〉校录》，台湾《敦煌学》第12辑，1987年。

郑炳林、李强：《唐李若立〈籯金〉编撰研究（上）》，《天水师范学院学报》2008年第6期。

郑炳林、李强：《唐李若立〈籯金〉编撰研究（下）》，《天水师范学院学报》2009年第1期。

郑炳林、李强：《晚唐敦煌张景球编撰〈略出籯金〉研究》，《敦煌学辑刊》2009年第1期。

郑炳林、李强：《阴庭诫改编〈籯金〉及有关问题研究》，《敦煌学辑刊》2008年第4期。

郑炳林、徐晓丽：《俄藏敦煌文献〈新集文词九经抄〉写本缀合与研究》，《兰州大学学报》（社会科学版）2002年第3期。

周丕显：《敦煌古钞〈兔园策府〉考析》，《敦煌学辑刊》1994年第2期。

周一良：《敦煌写本〈杂钞〉考》，《燕京学报》第35期1948年12月。后收入《魏晋南北朝史论集》，中华书局1963年版。

朱凤玉：《敦煌写本〈杂钞〉研究》，木铎（台湾）第12辑，1988年。

附　　录

图版

图版 S.1380 应机抄（13—1）

图版 S.1380 应机抄（13—2）

图版 S.1380 应机抄（13—3）

图版 S.1380 应机抄（13—4）

图版 S.1380 应机抄（13—5）

图版 S.1380 应机抄（13—6）

图版 S.1380 应机抄（13—7）

图版 S.1380 应机抄（13—8）

图版 S.1380 应机抄（13—9）

图版 S.1380 应机抄（13—10）

图版 S.1380 应机抄（13—11）

图版 S.1380 应机抄（13—12）

图版 S.1380 应机抄（13—13）

后　　记

呈现于诸位读者面前的这本《敦煌写本类书〈应机抄〉研究》，初稿完成于2013年。兹后又调整章节目录及相应的格式。

本人初识敦煌学，始于2009年。是年9月，我考入兰州大学敦煌学研究所，师从国内著名敦煌学家郑炳林先生攻读博士学位研究生，研究方向即敦煌类书研究。兰州大学四年的学习生活是我人生中最为重要的一段经历，在这里，我从初入敦煌学大门，到逐渐了解敦煌学的知识领域以及撰写学位论文，如初学之蒙童在知识的殿堂中汲取营养，逐渐成长。关于《应机抄》的研究虽已成稿，然自知学识浅薄，绠短汲深，难免会出现错误和缺漏，且论文的研究还不够深入，需进一少发掘。

对于本书的出版，中国社会科学出版社的宋燕鹏编审付出了很多心血，改错纠谬，精心加工，功不可没，特此鸣谢。